EN LO PROFUNDO

MANDALA PARA COLOREAR LIBRO OCÉANO EDICIÓN

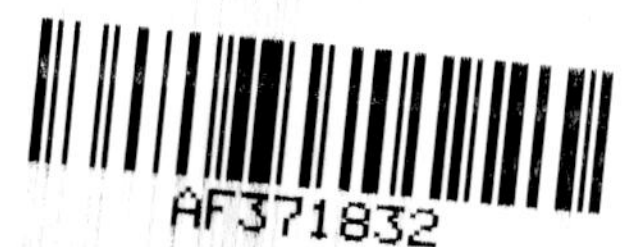

Coloring Bandit

Publicado por Speedy Publishing Canada Limited

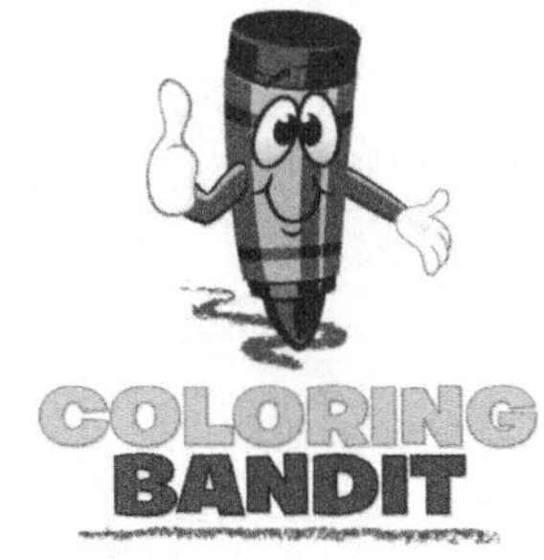

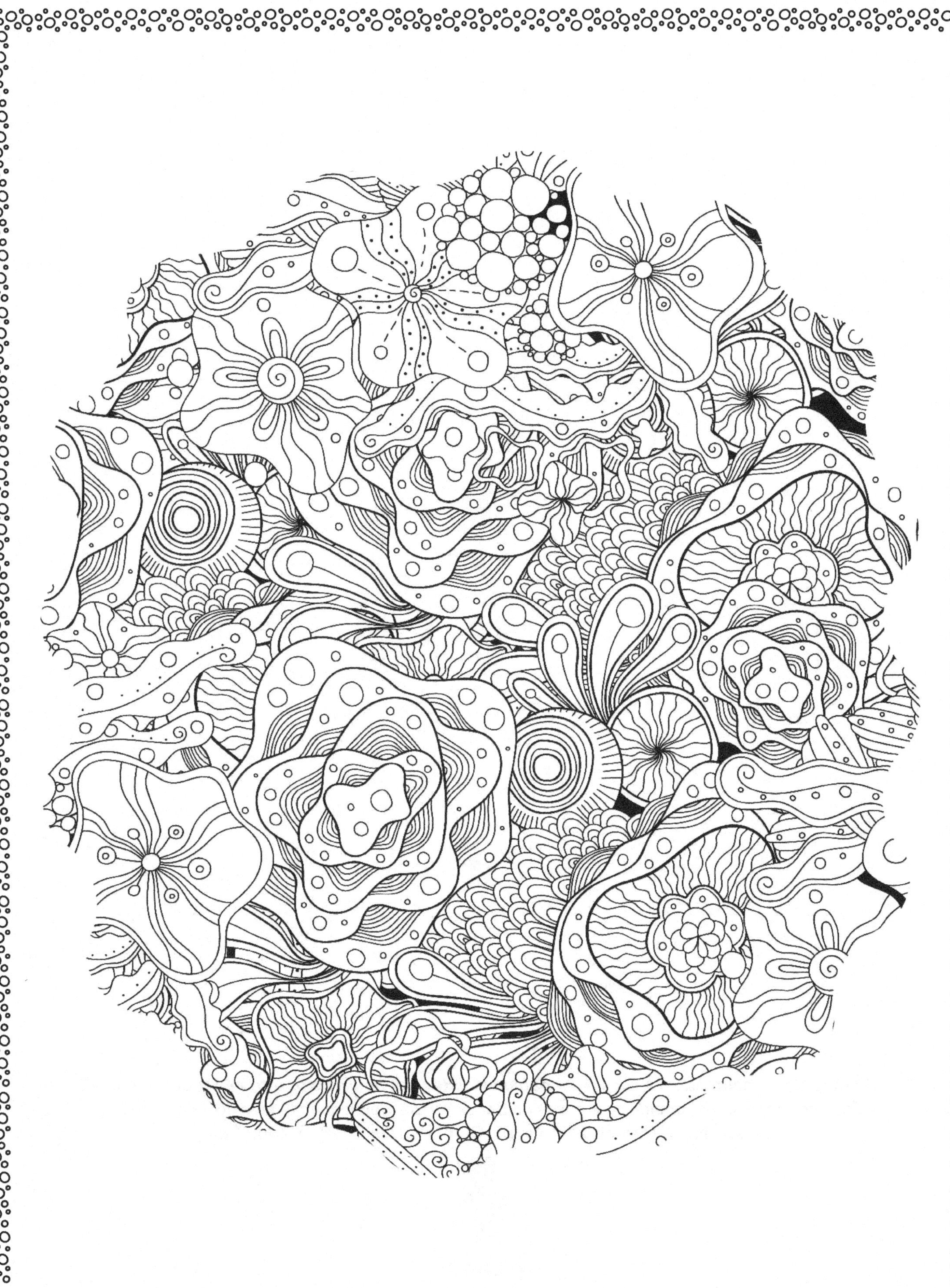

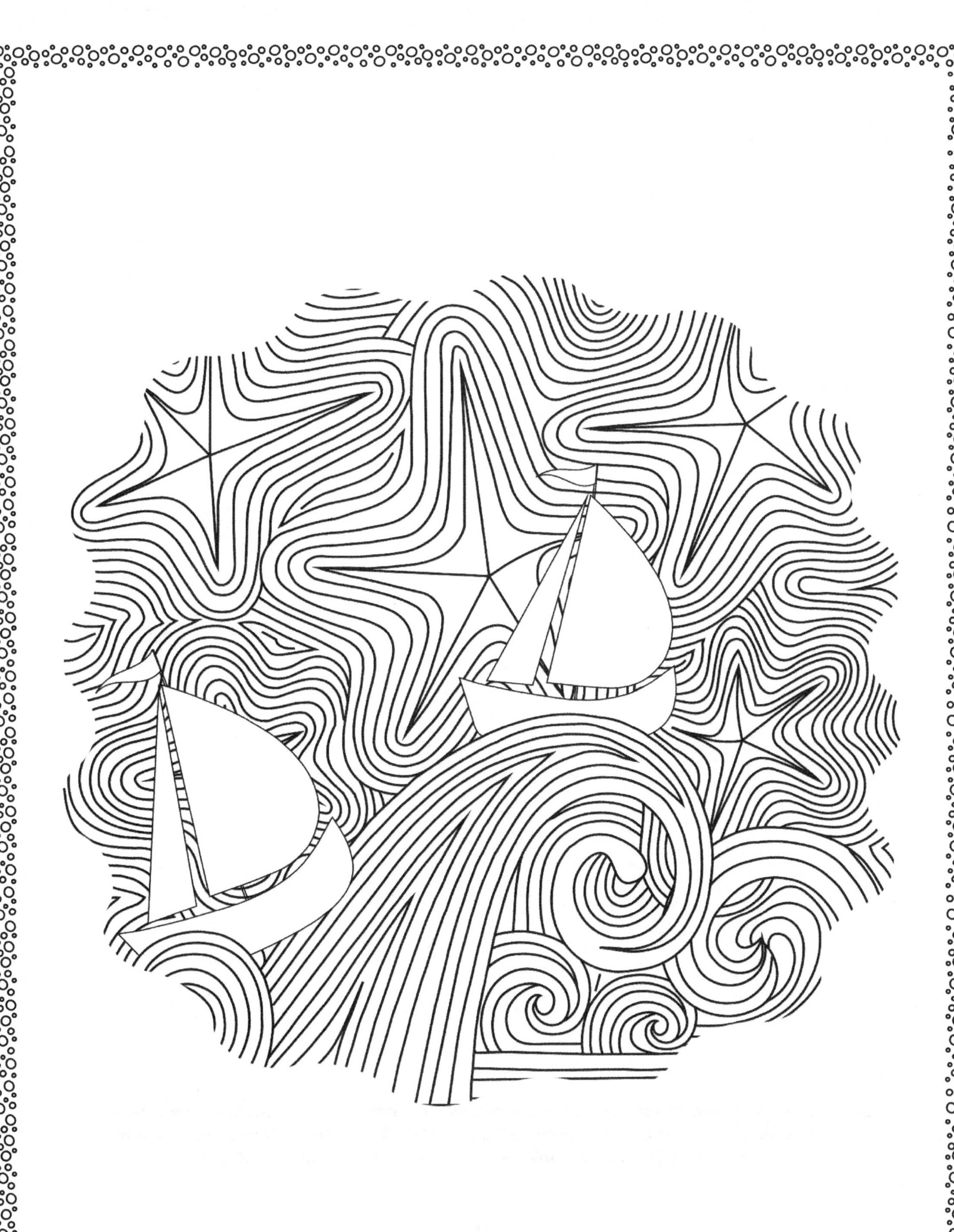

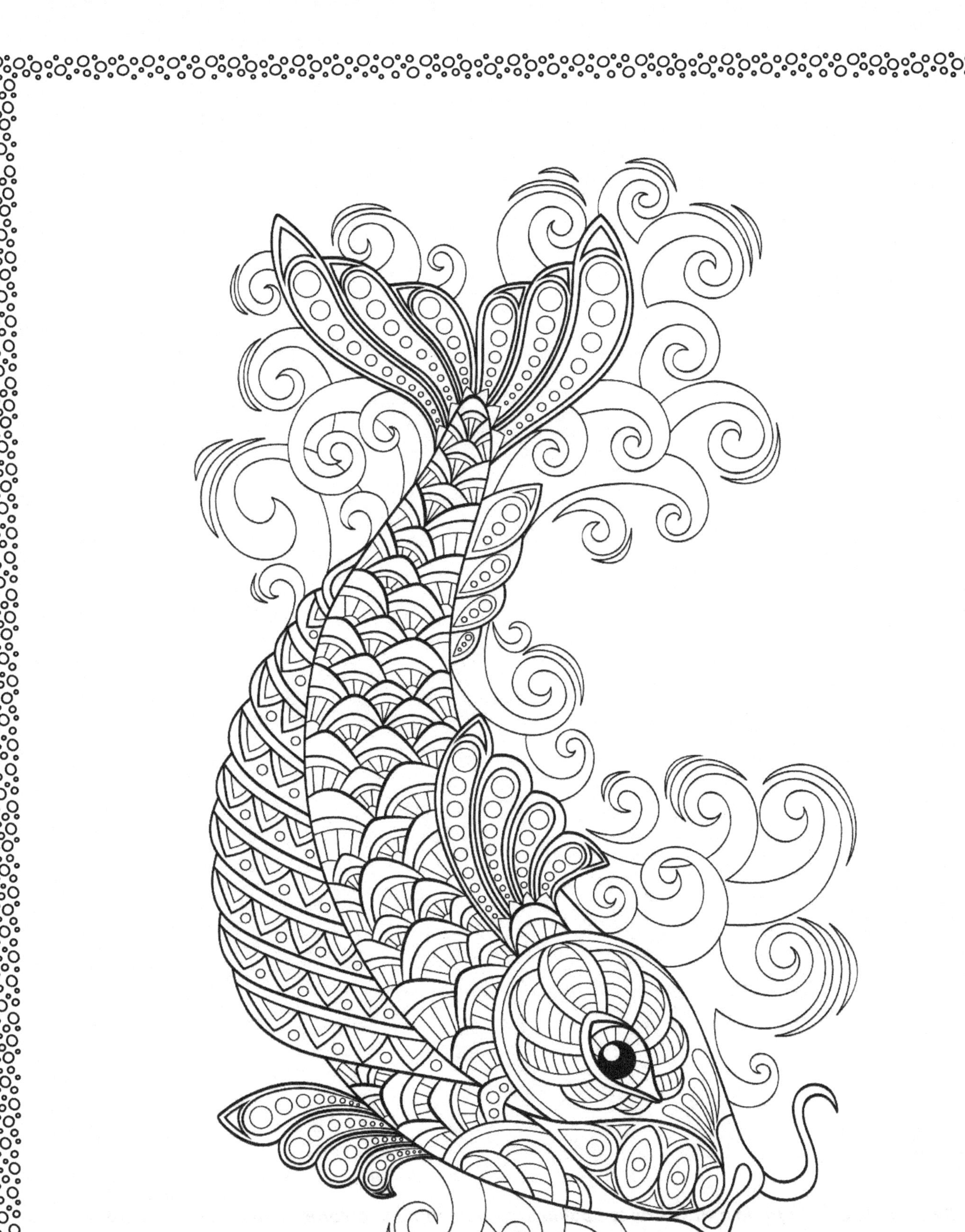

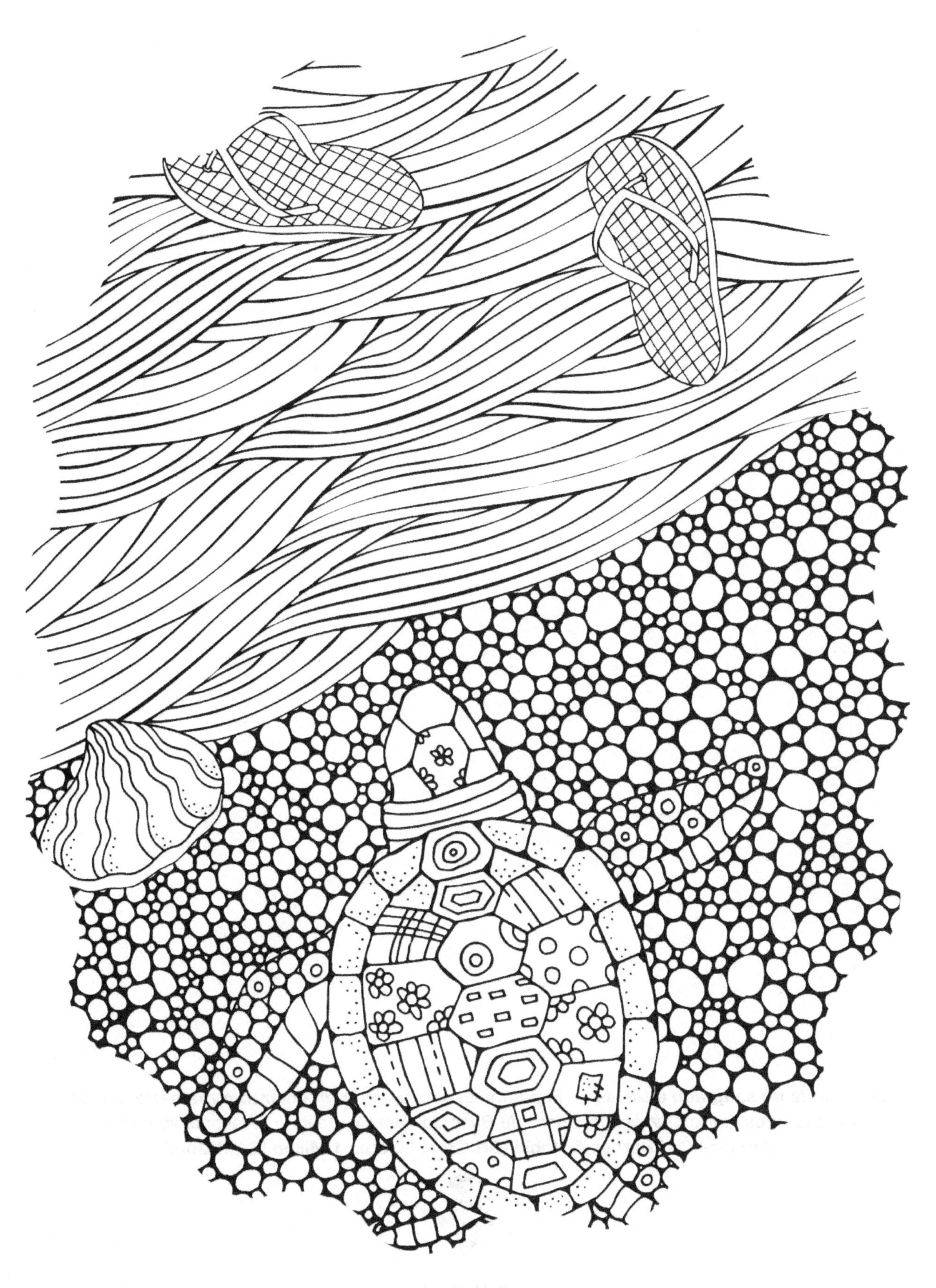

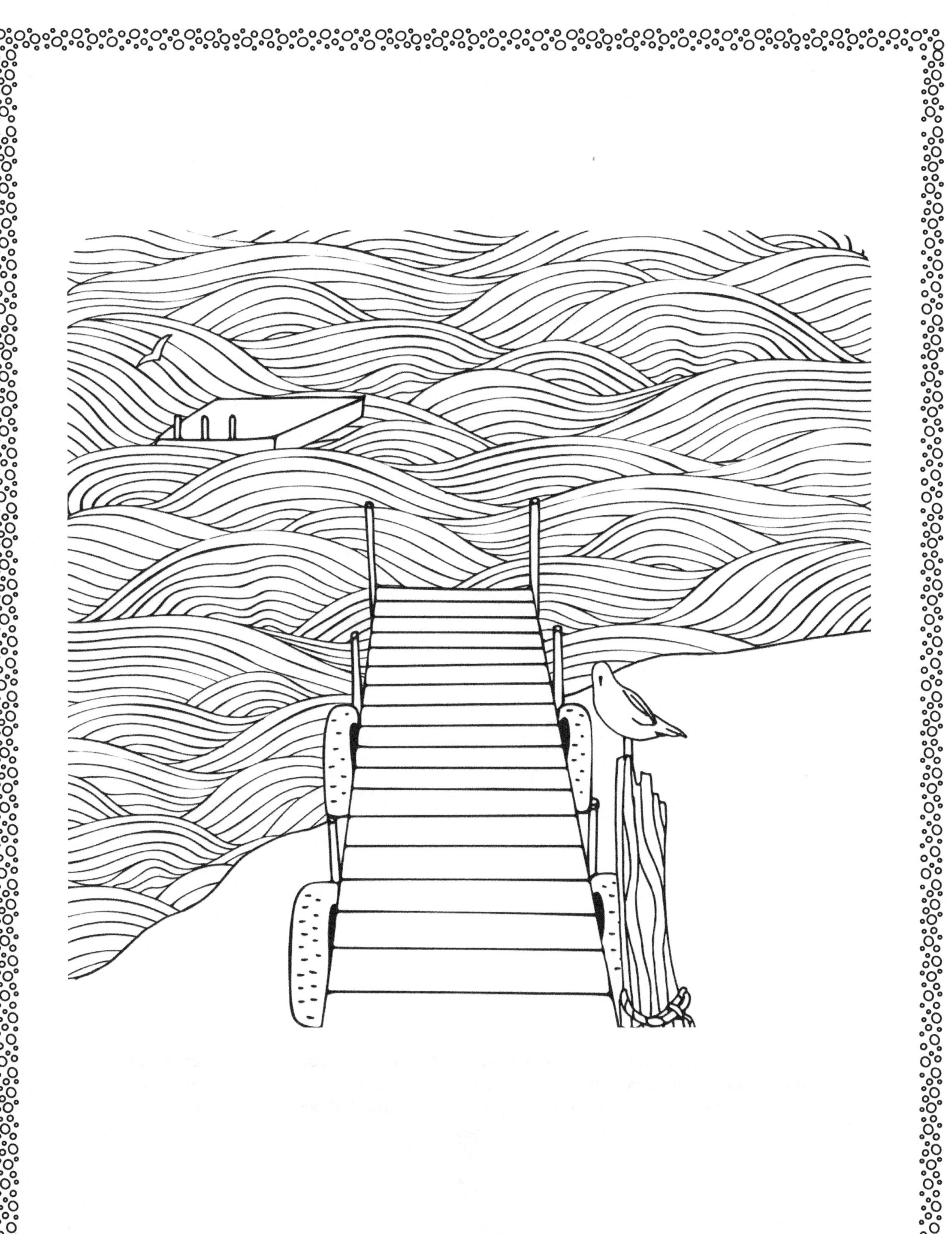

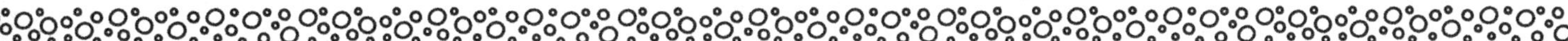

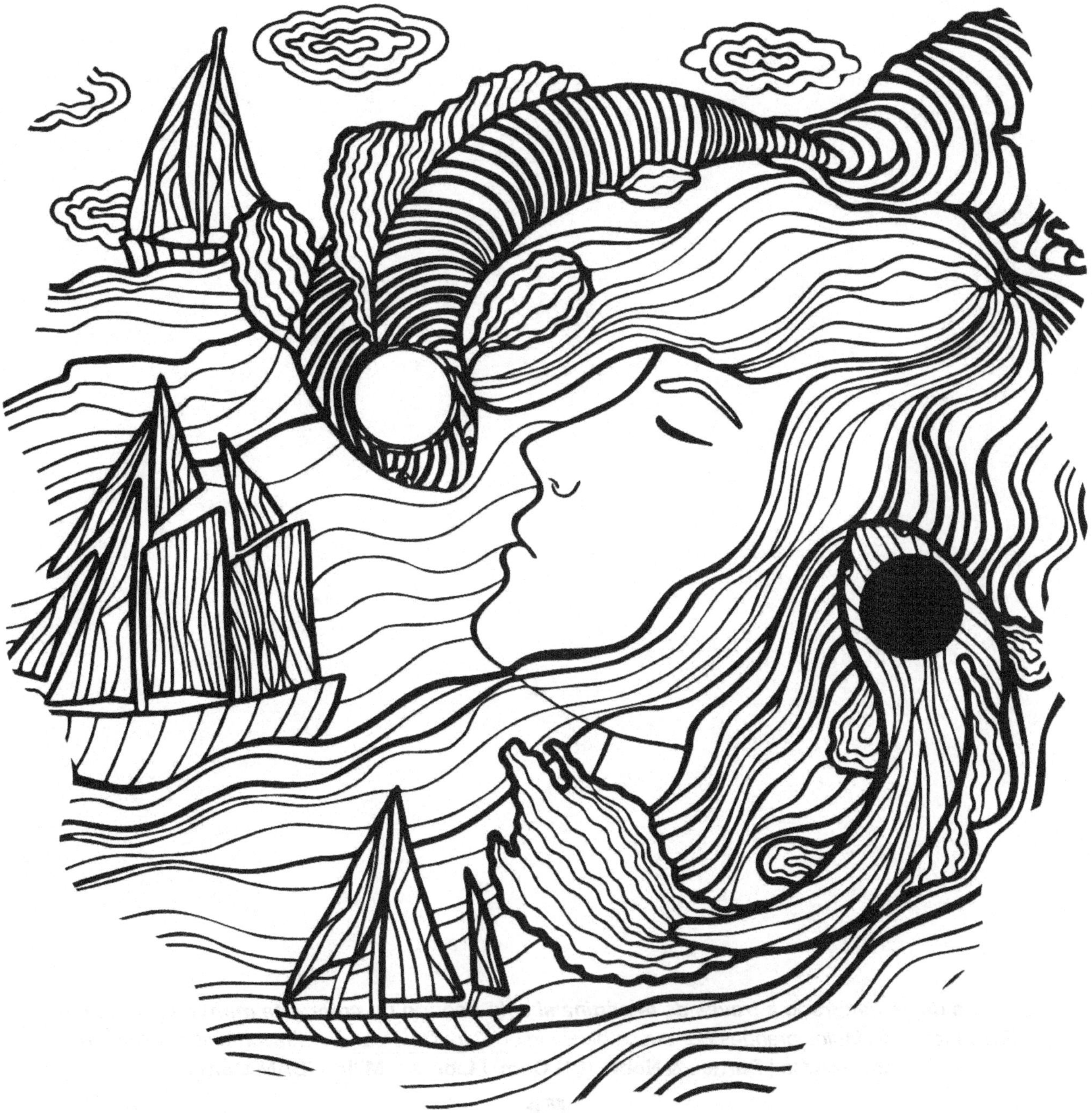

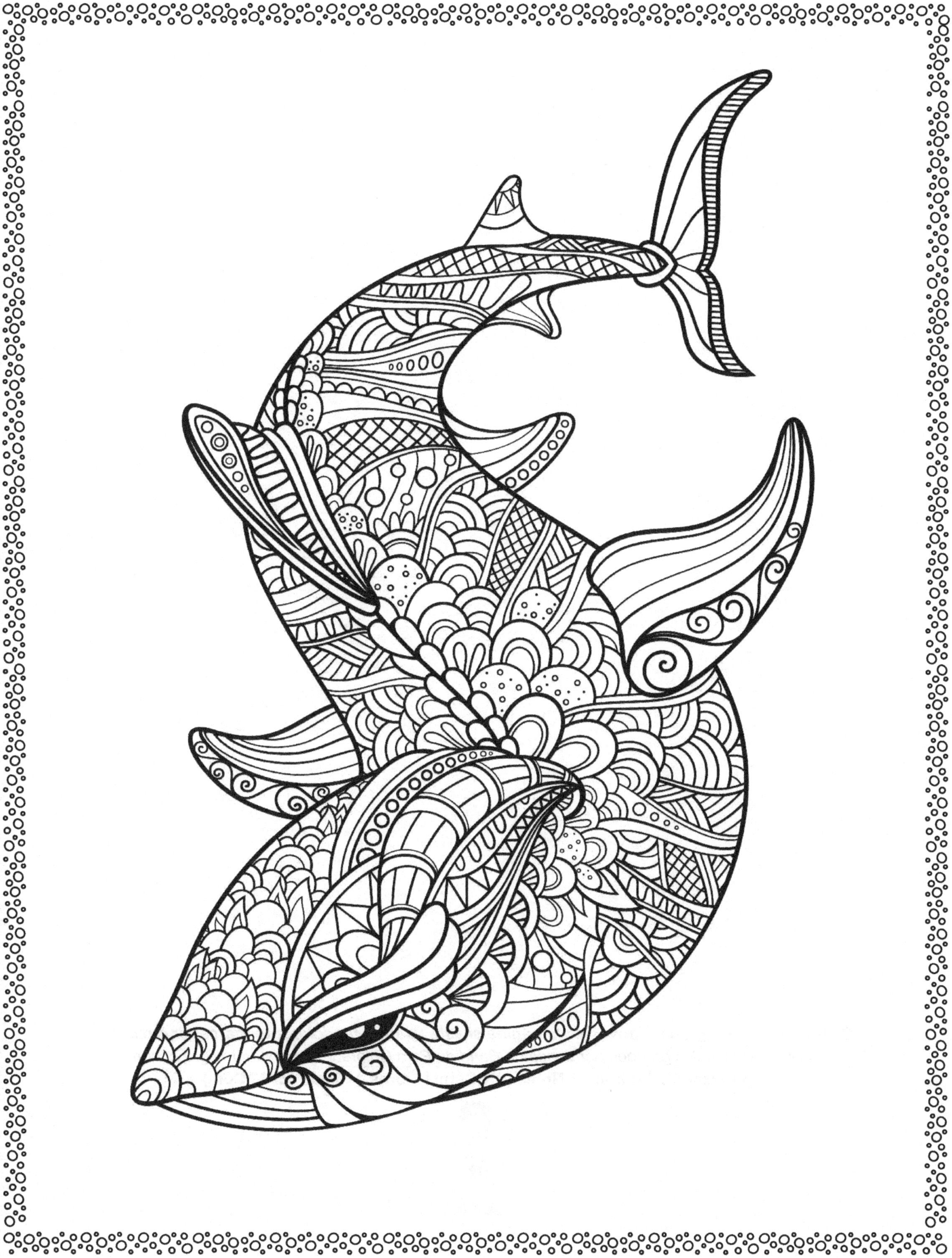

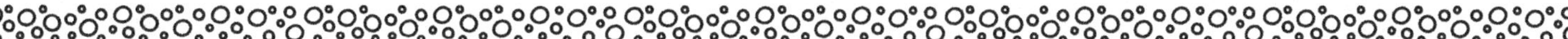

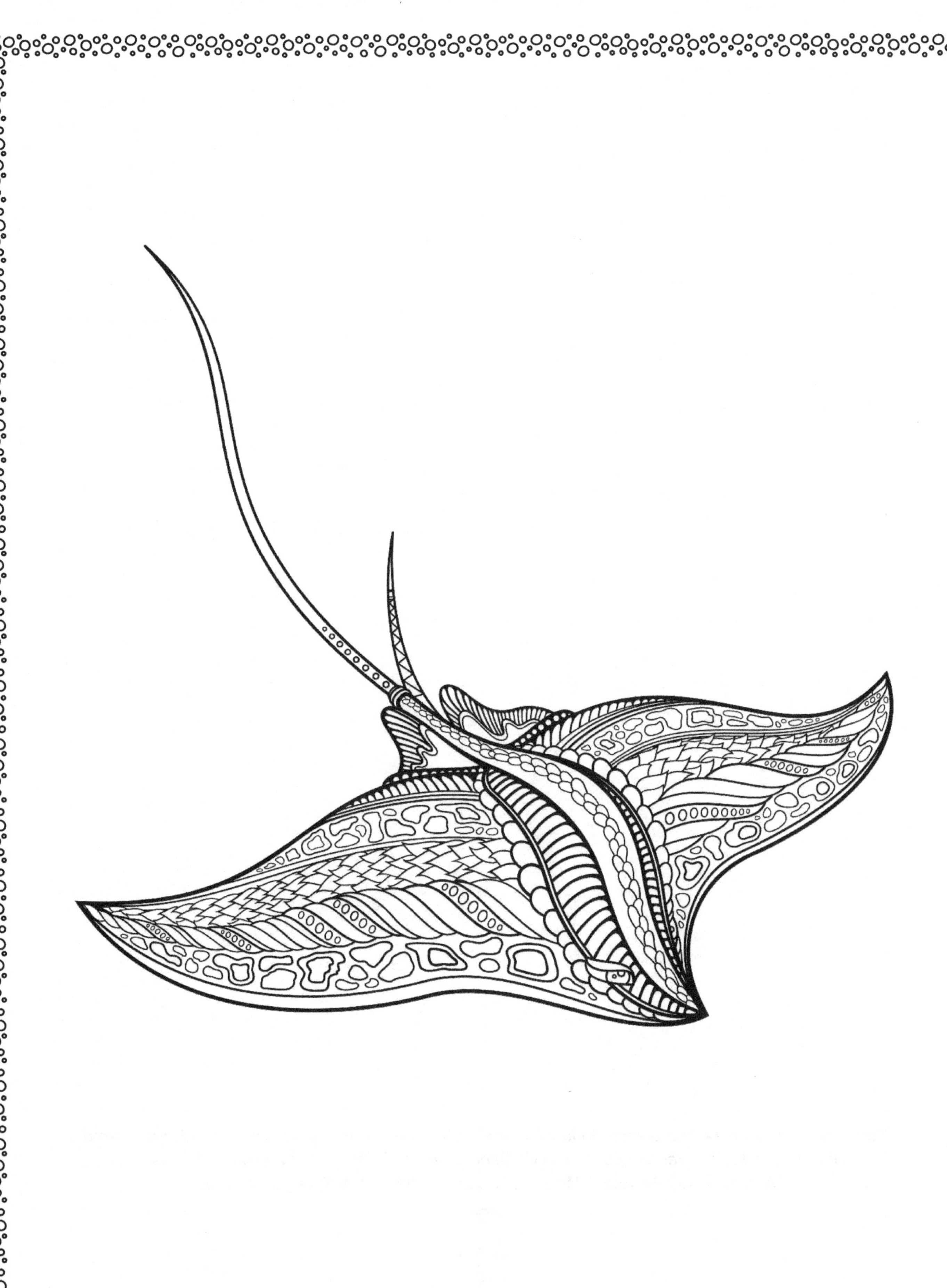

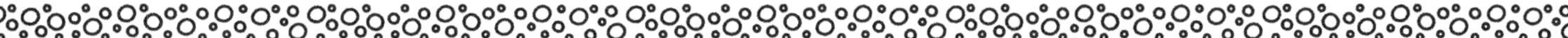

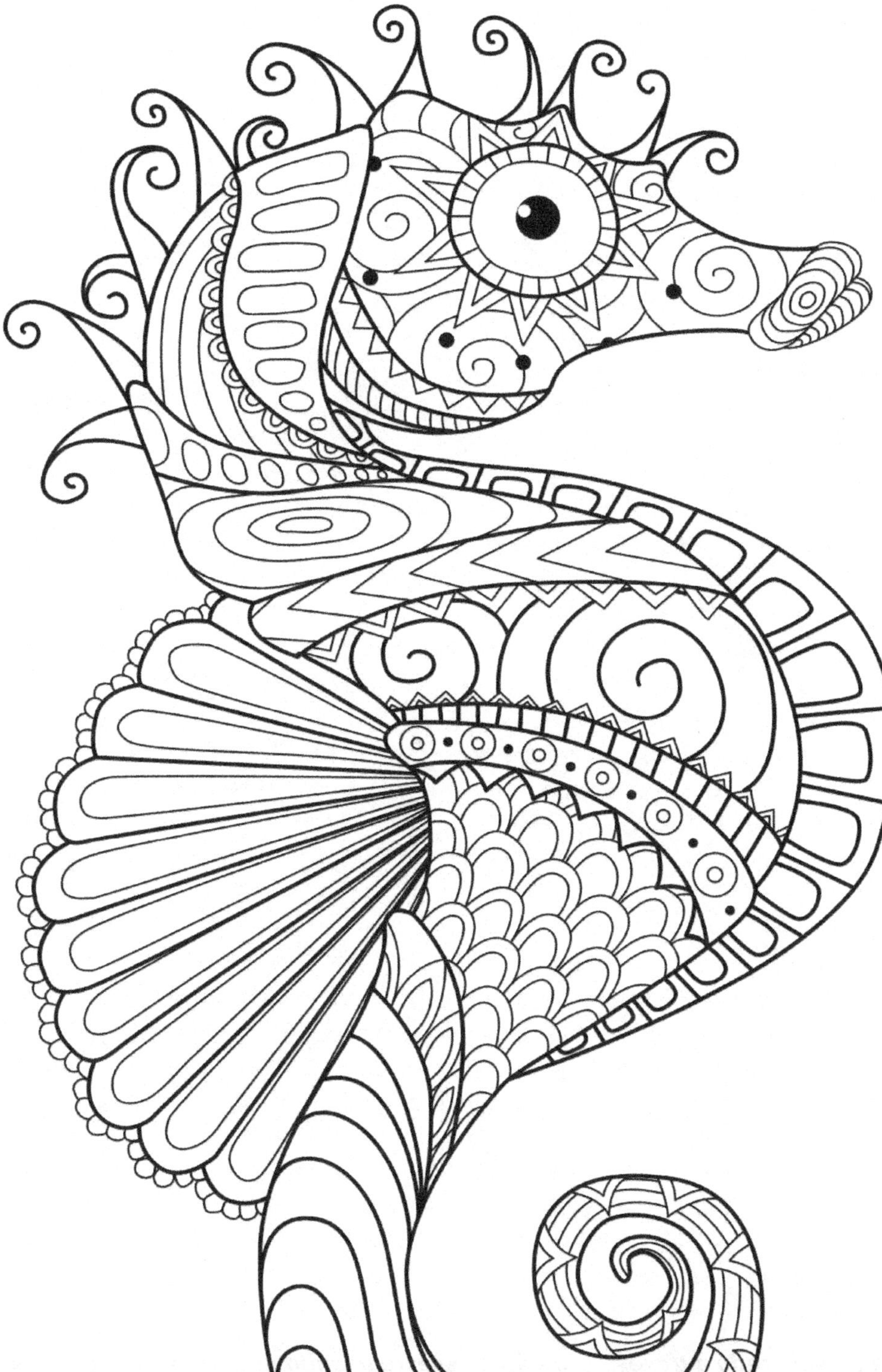

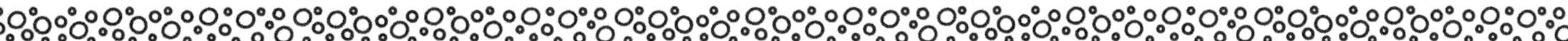

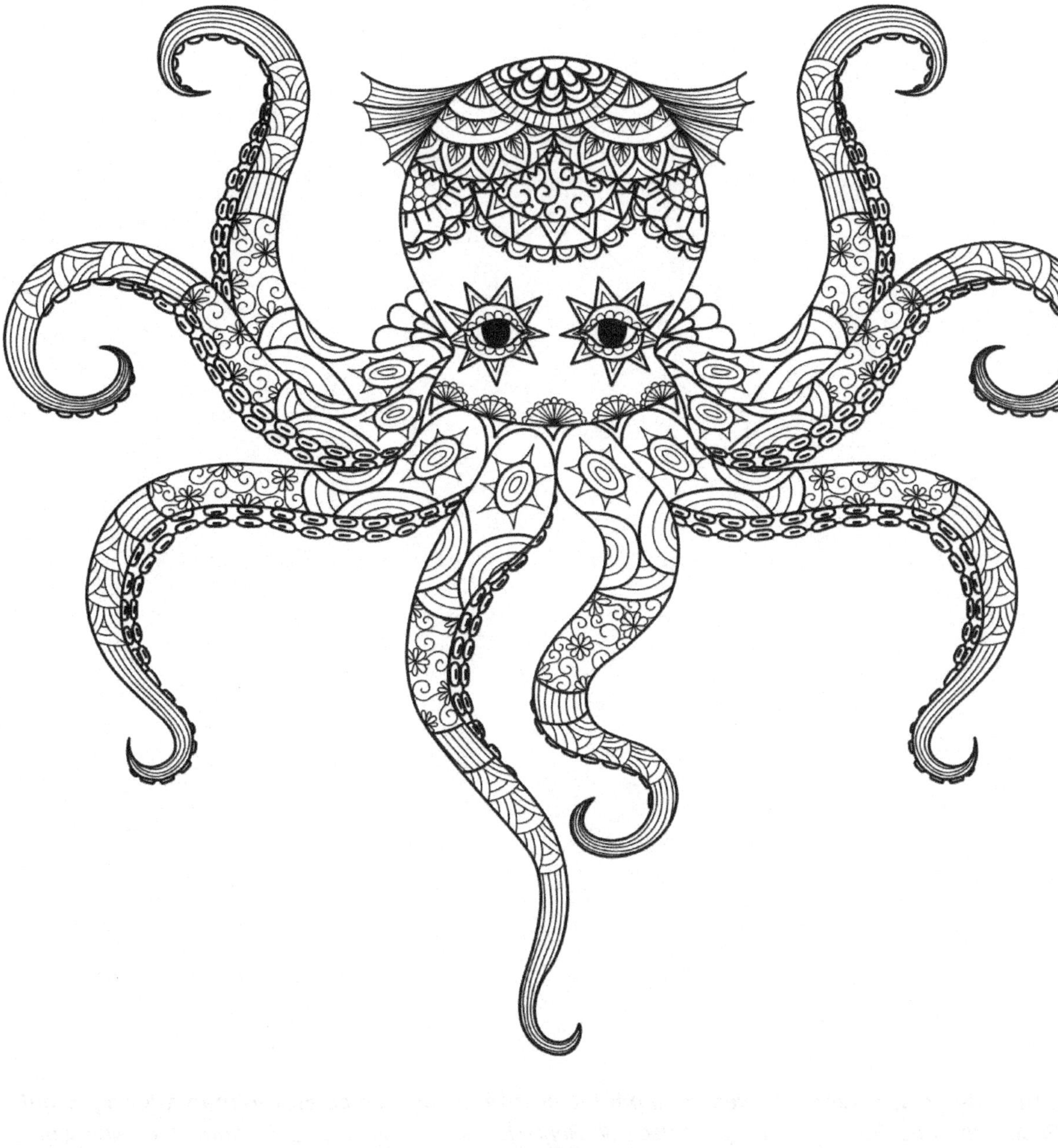

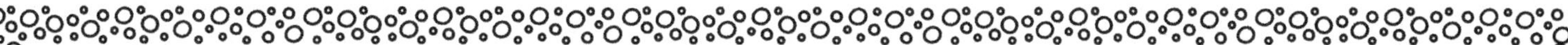

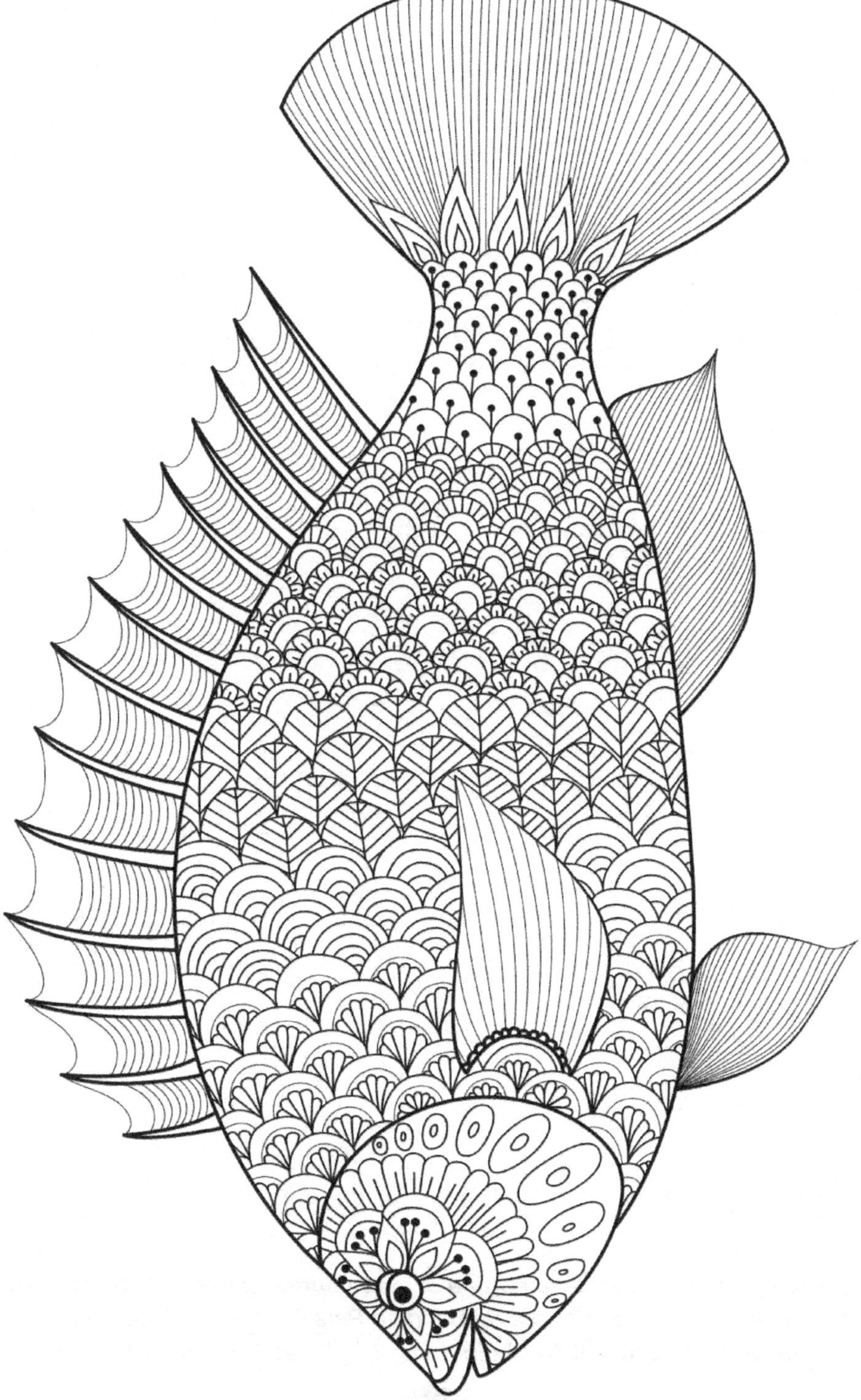

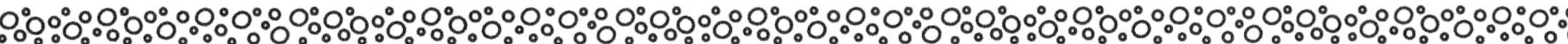

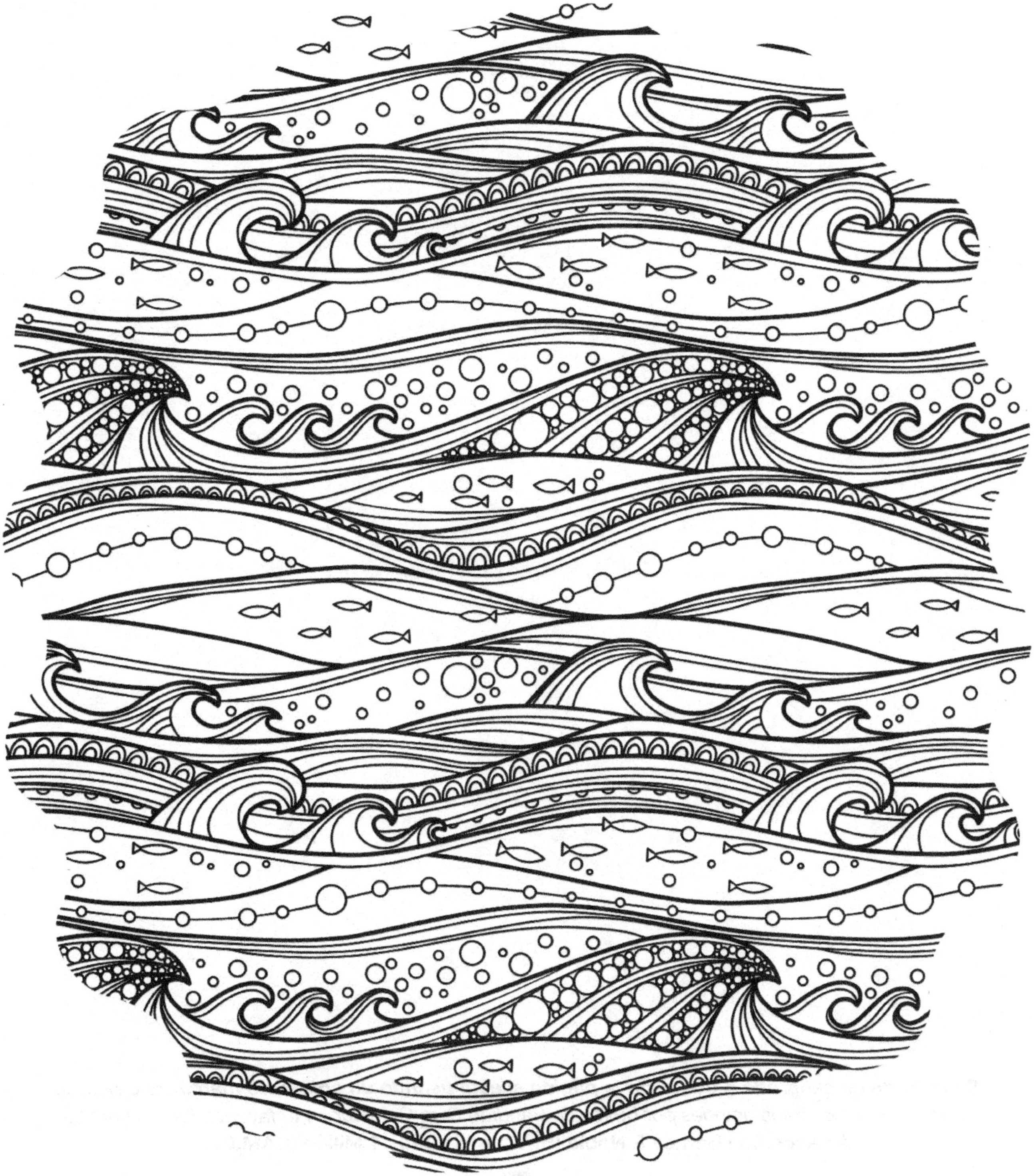

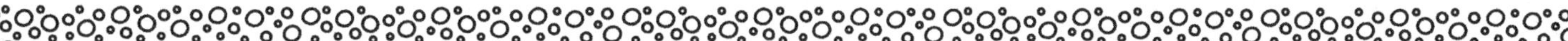

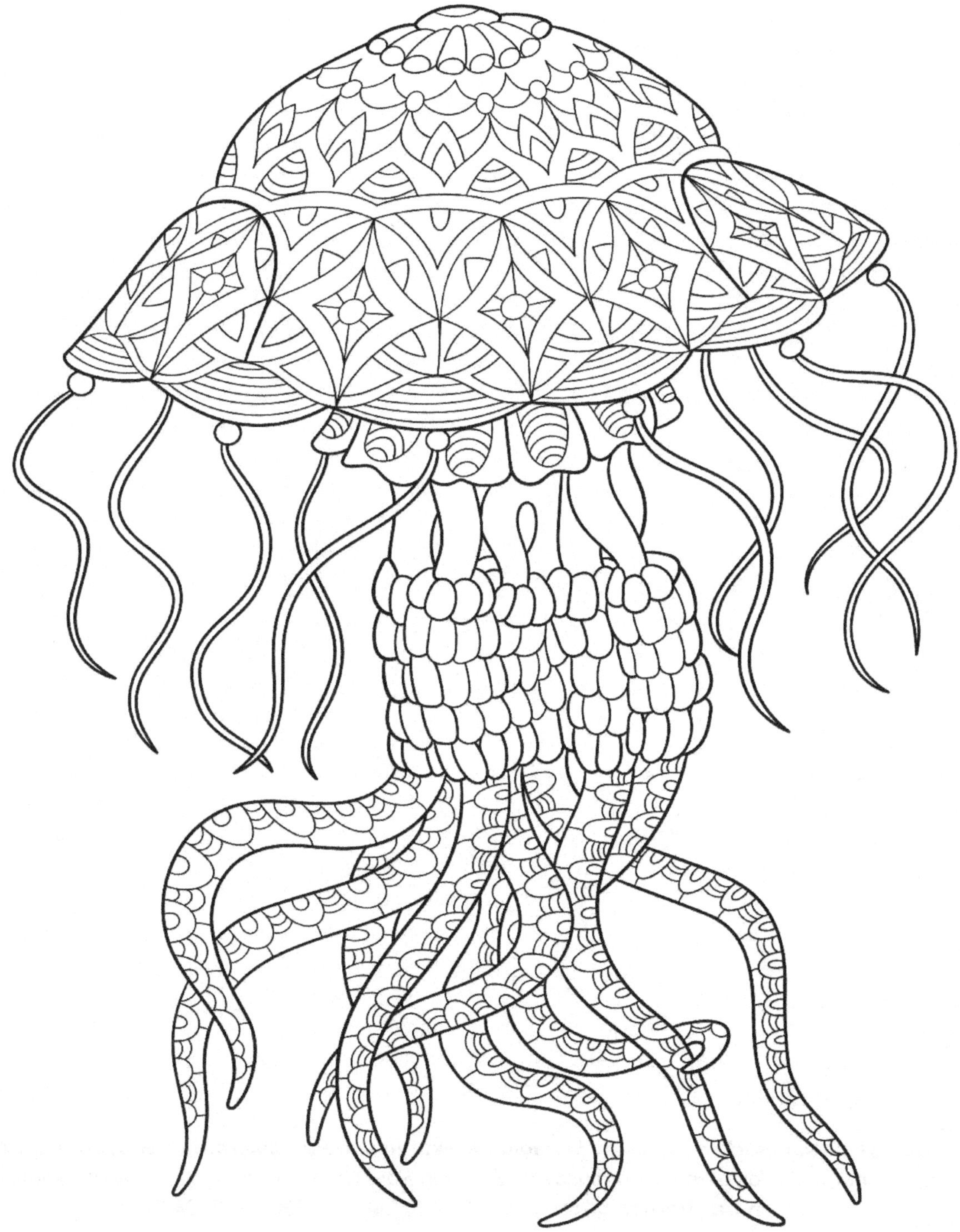

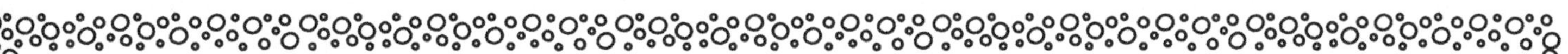

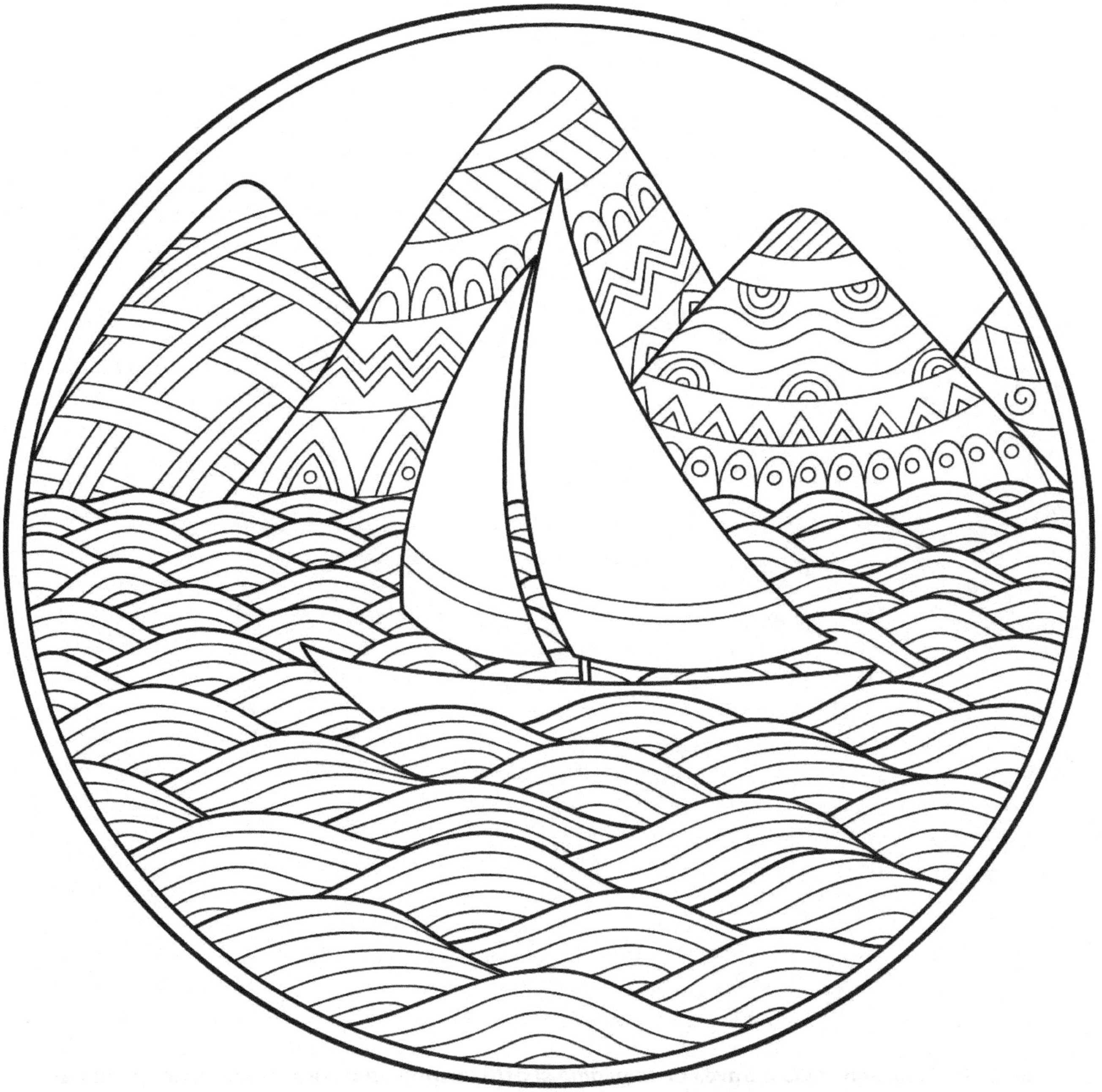

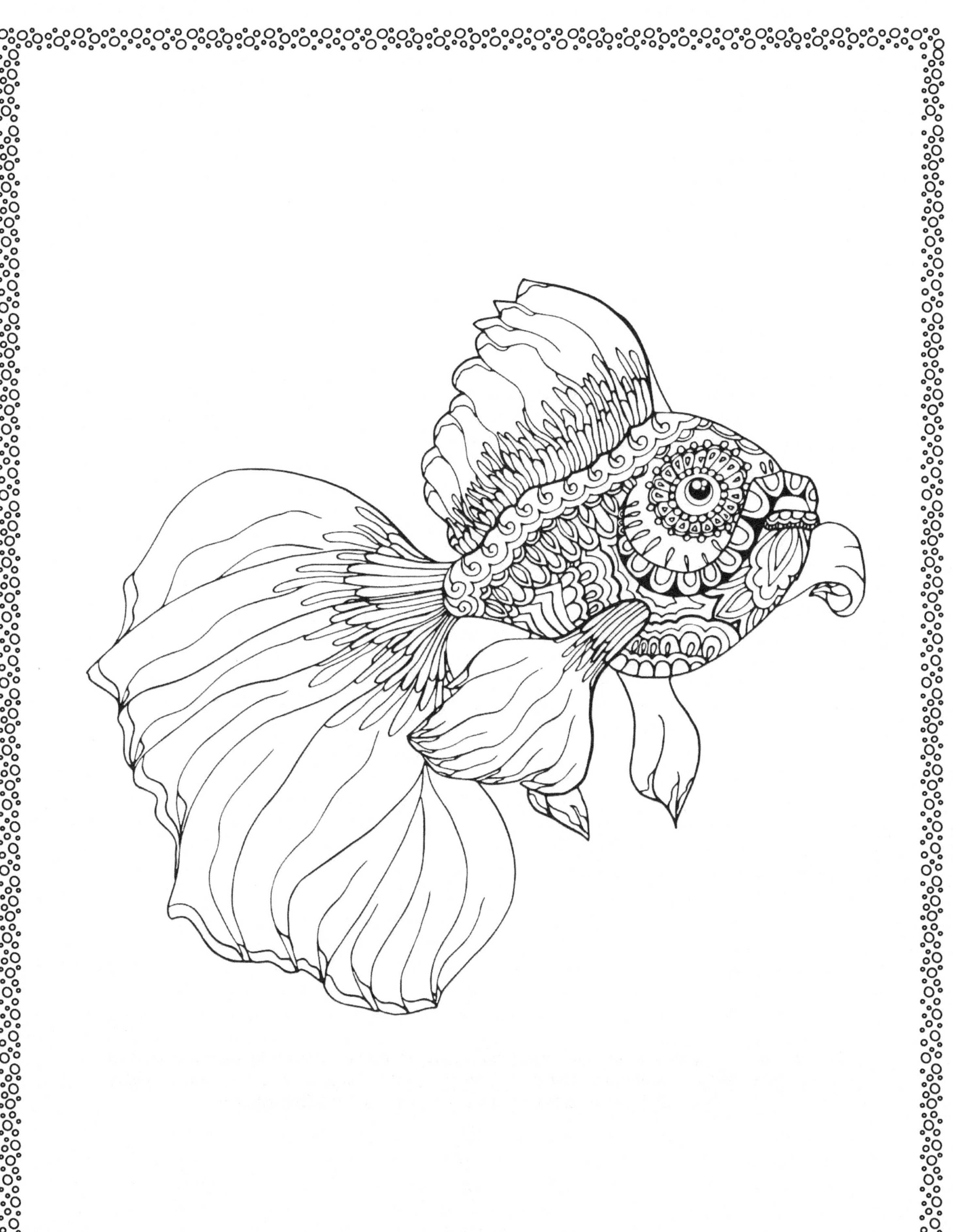

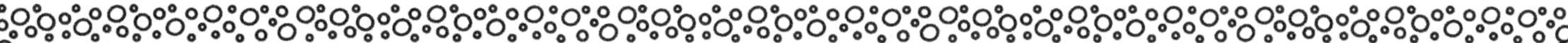

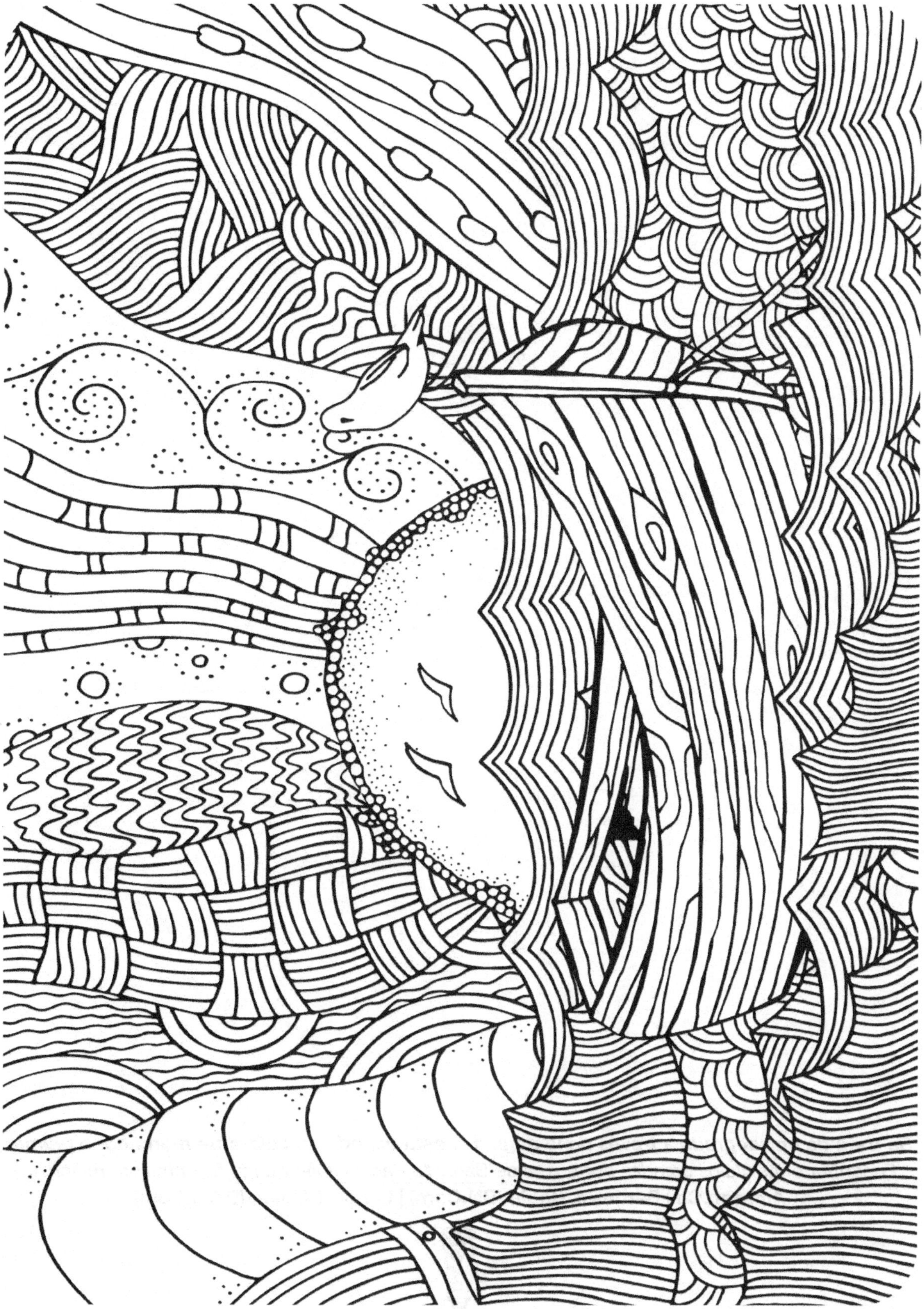

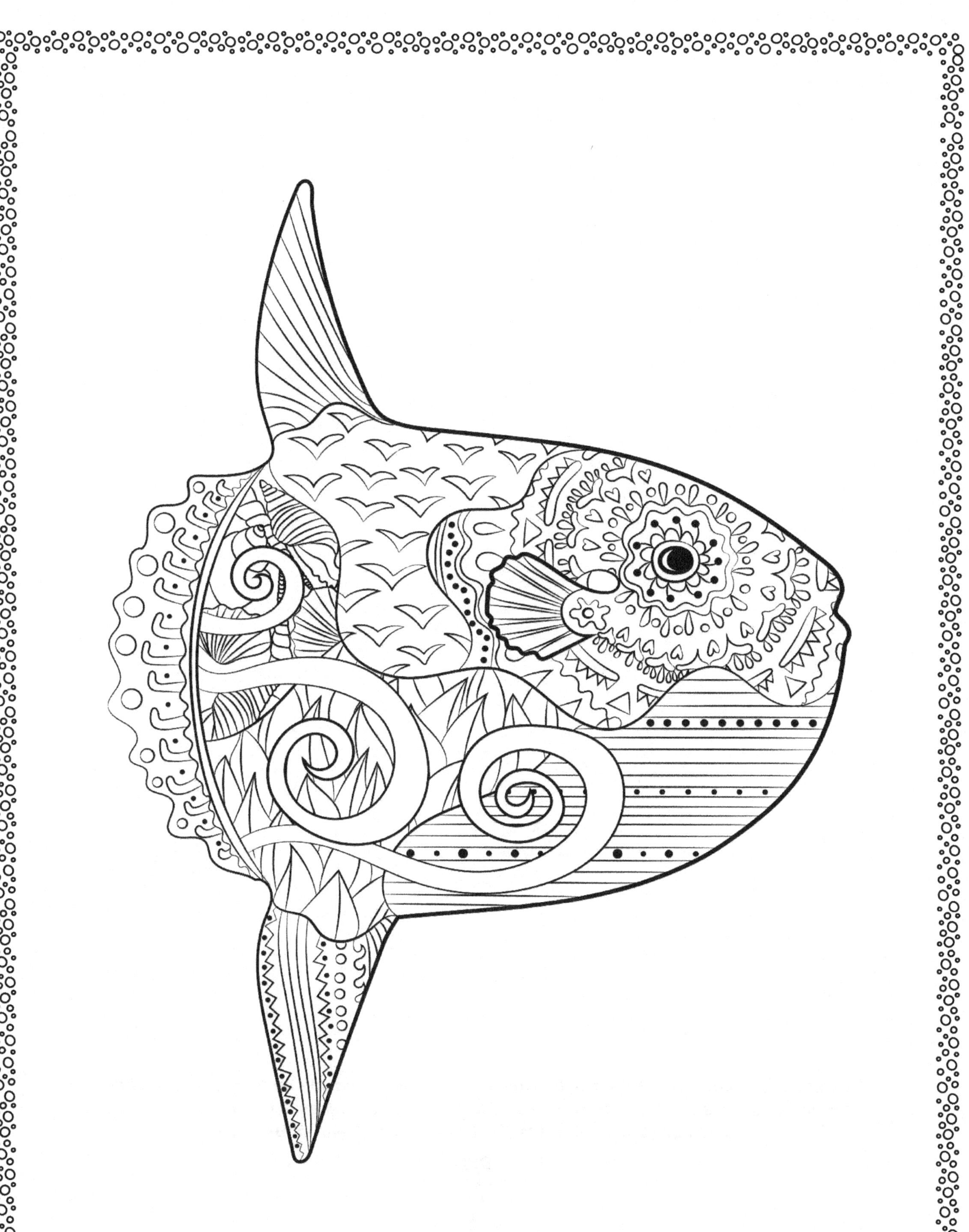

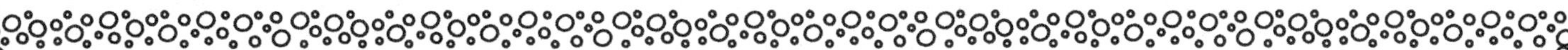

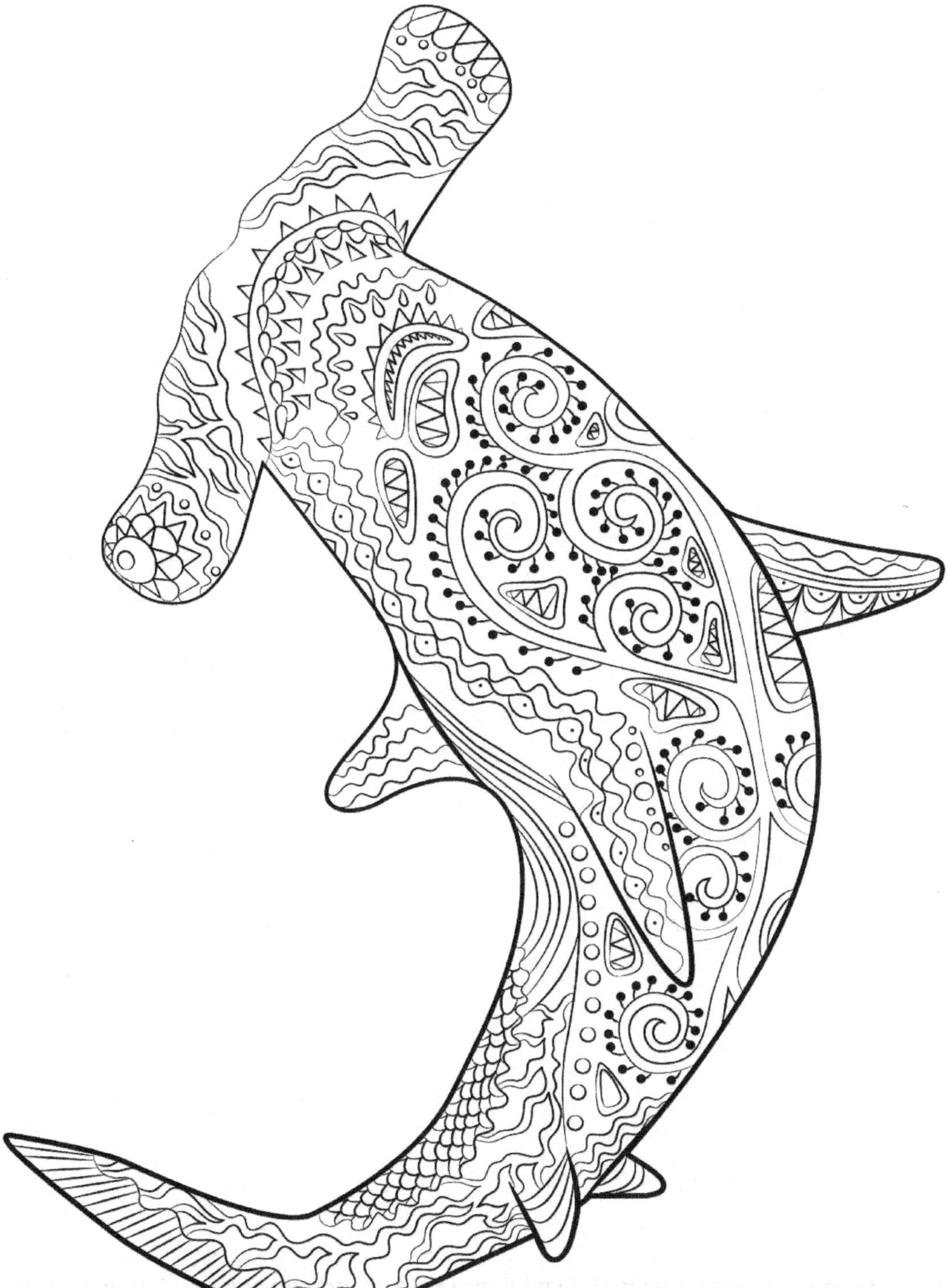

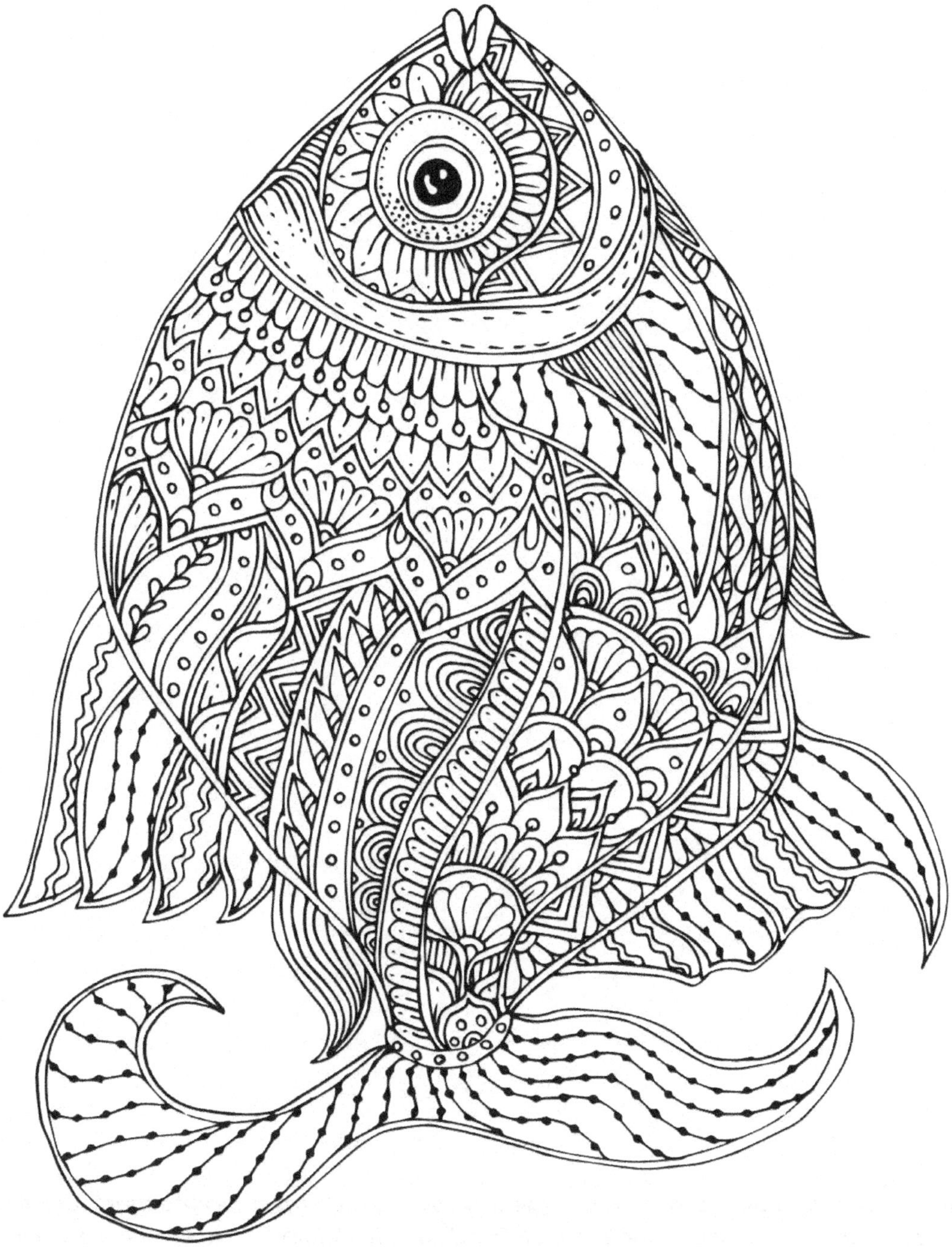

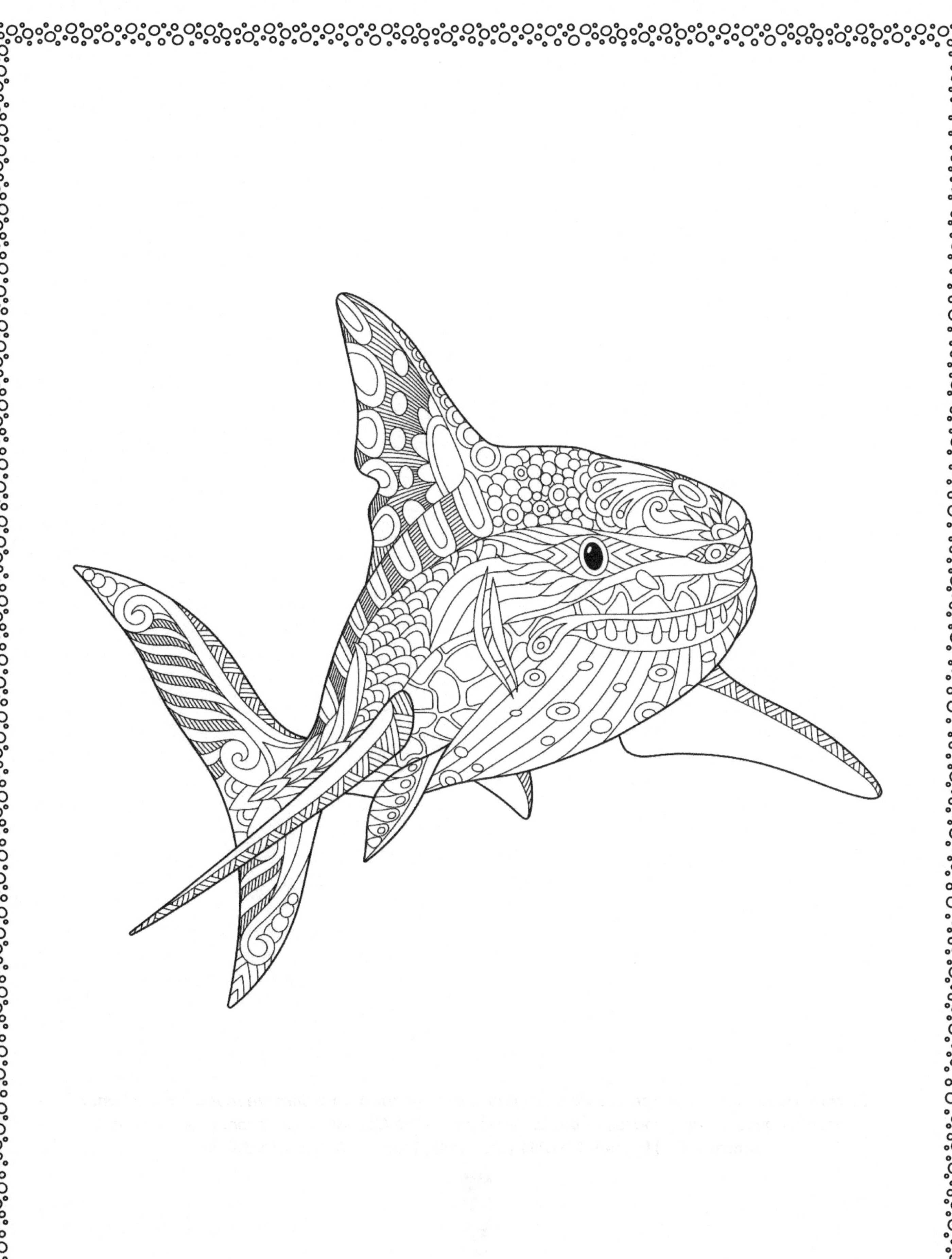

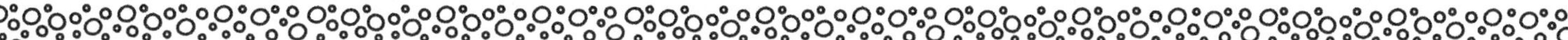

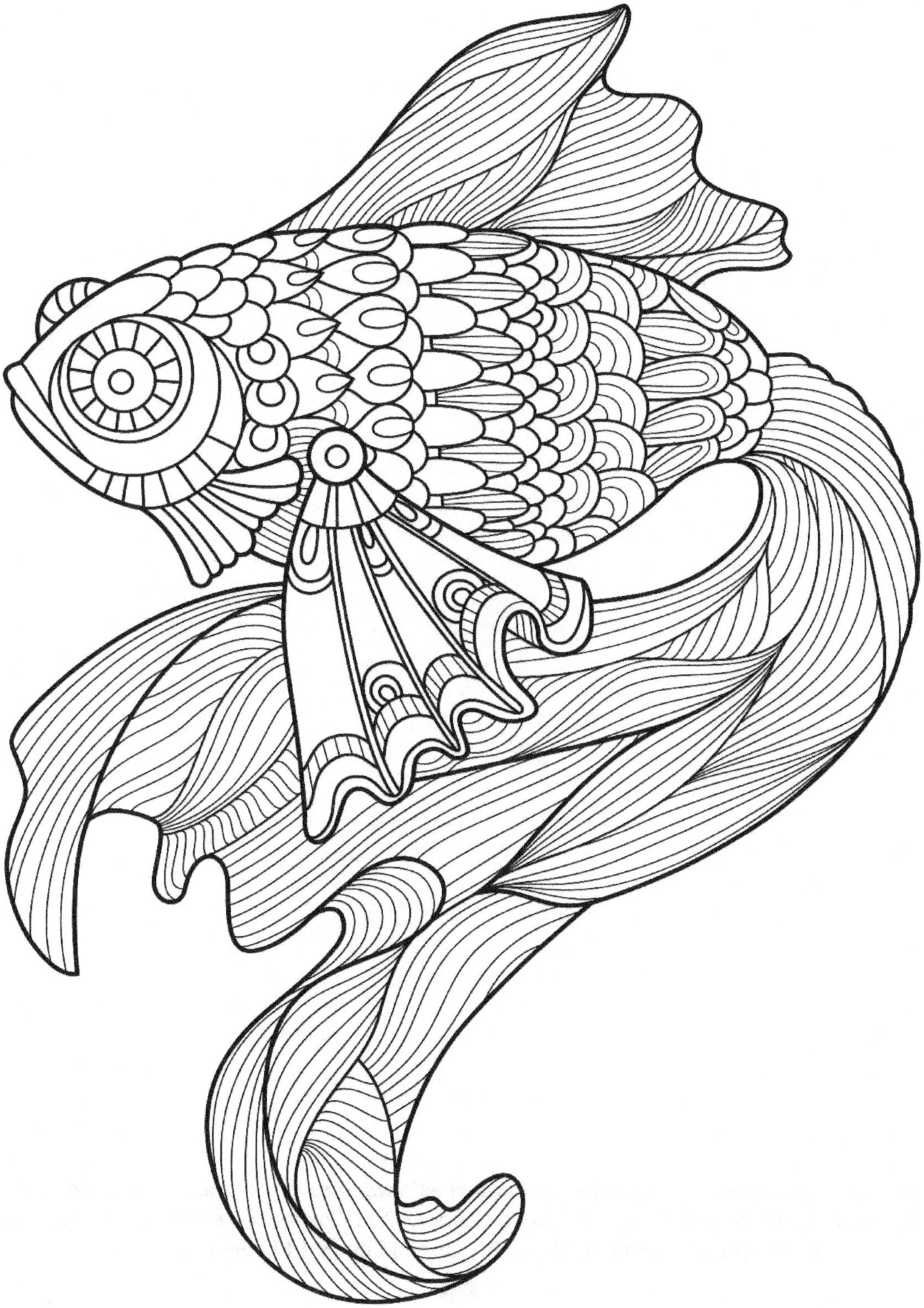

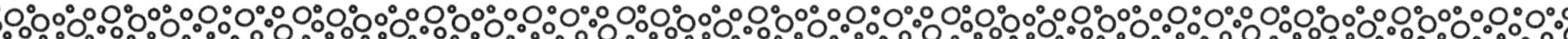

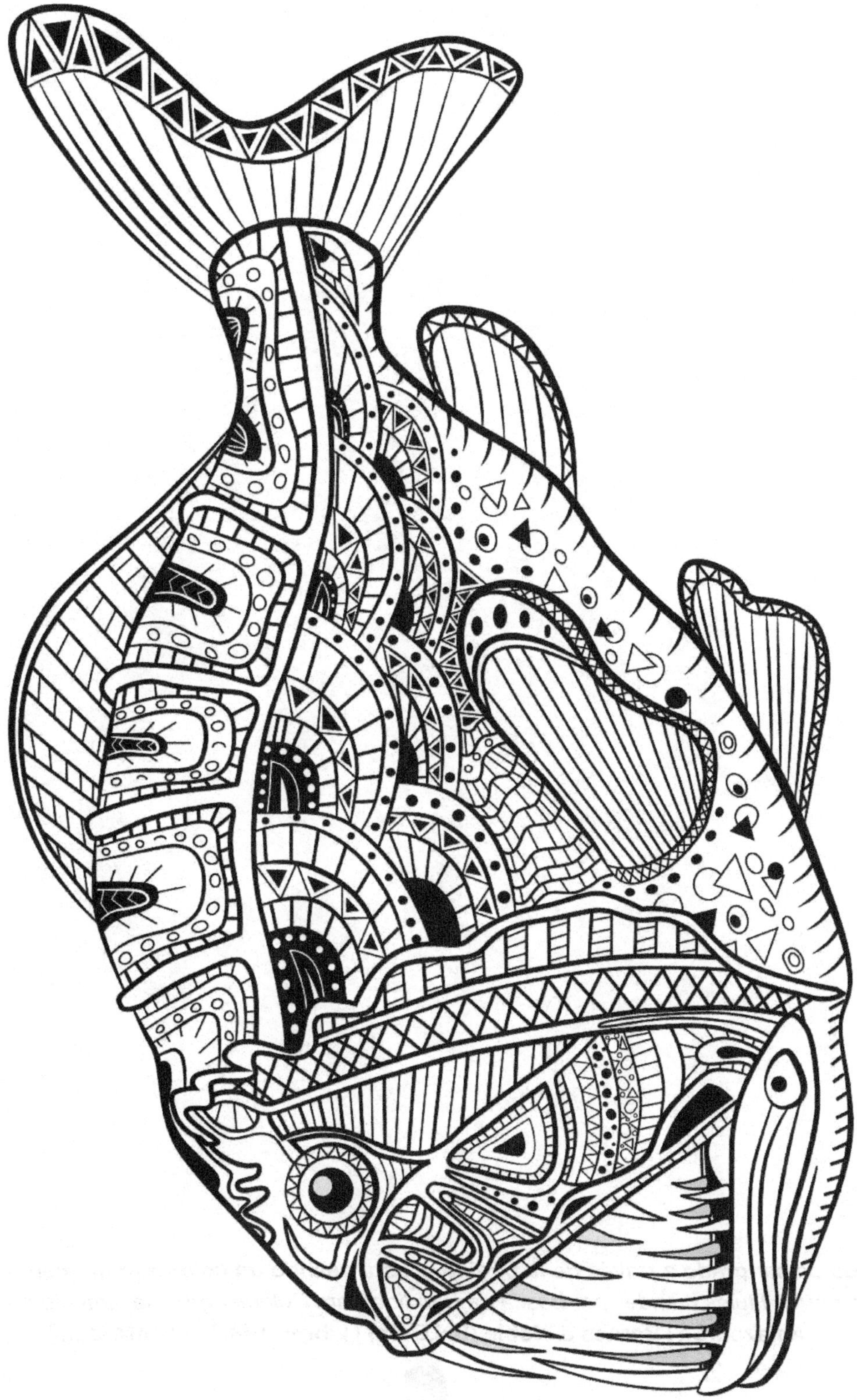

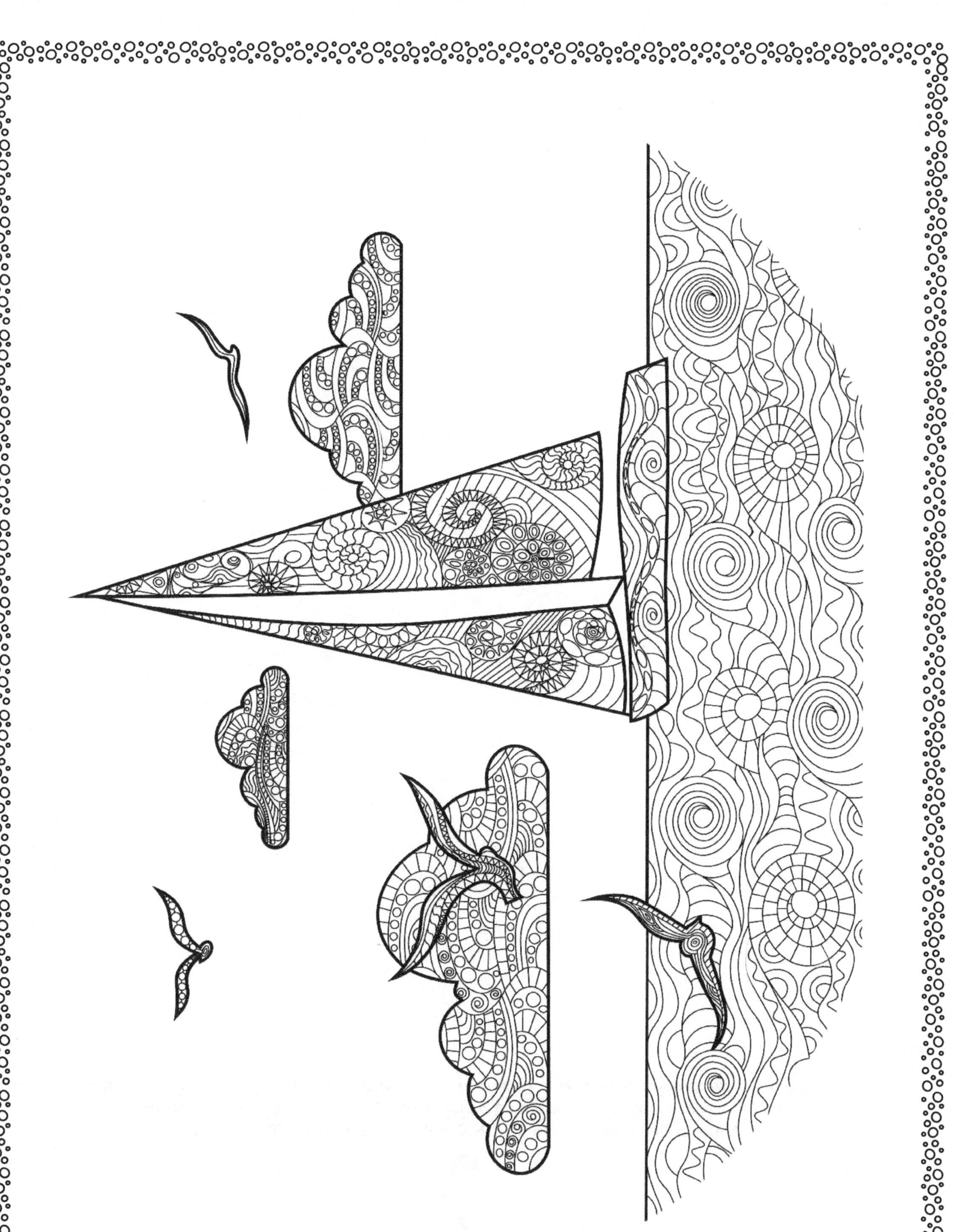

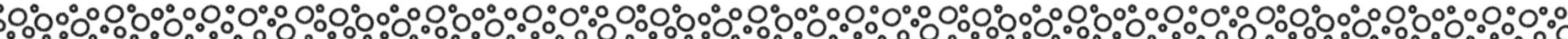

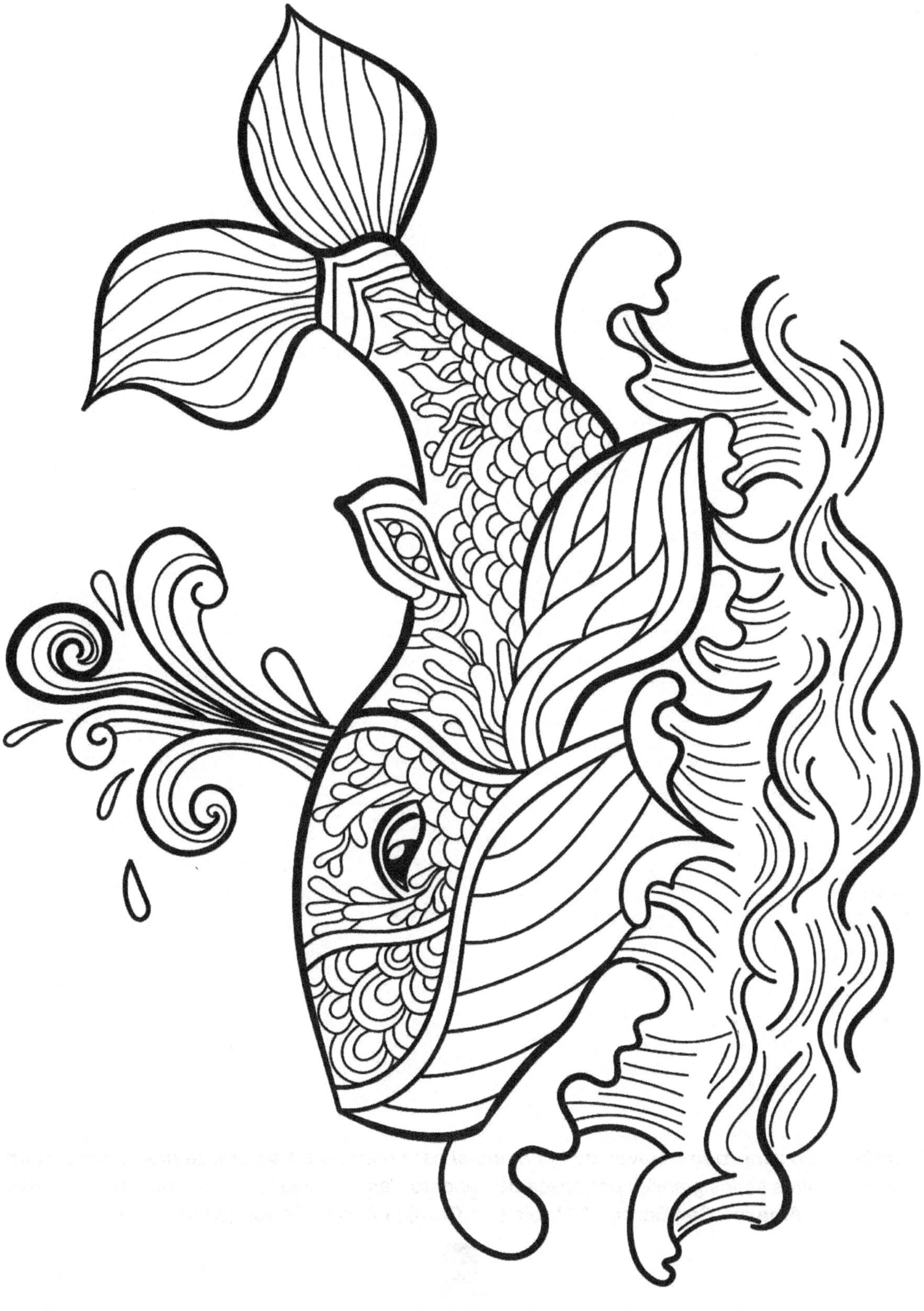

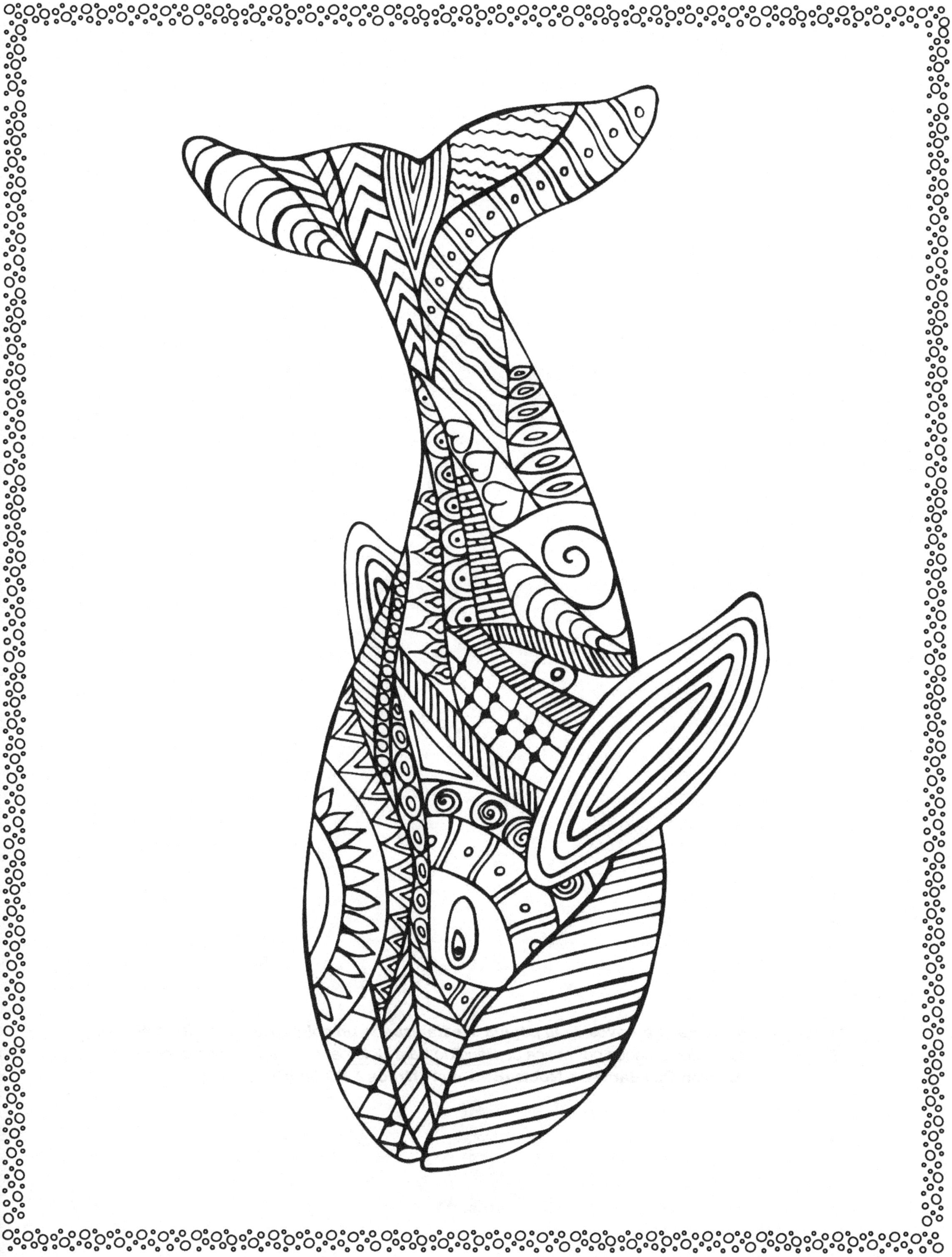

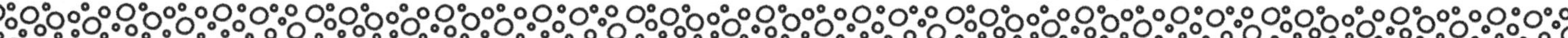

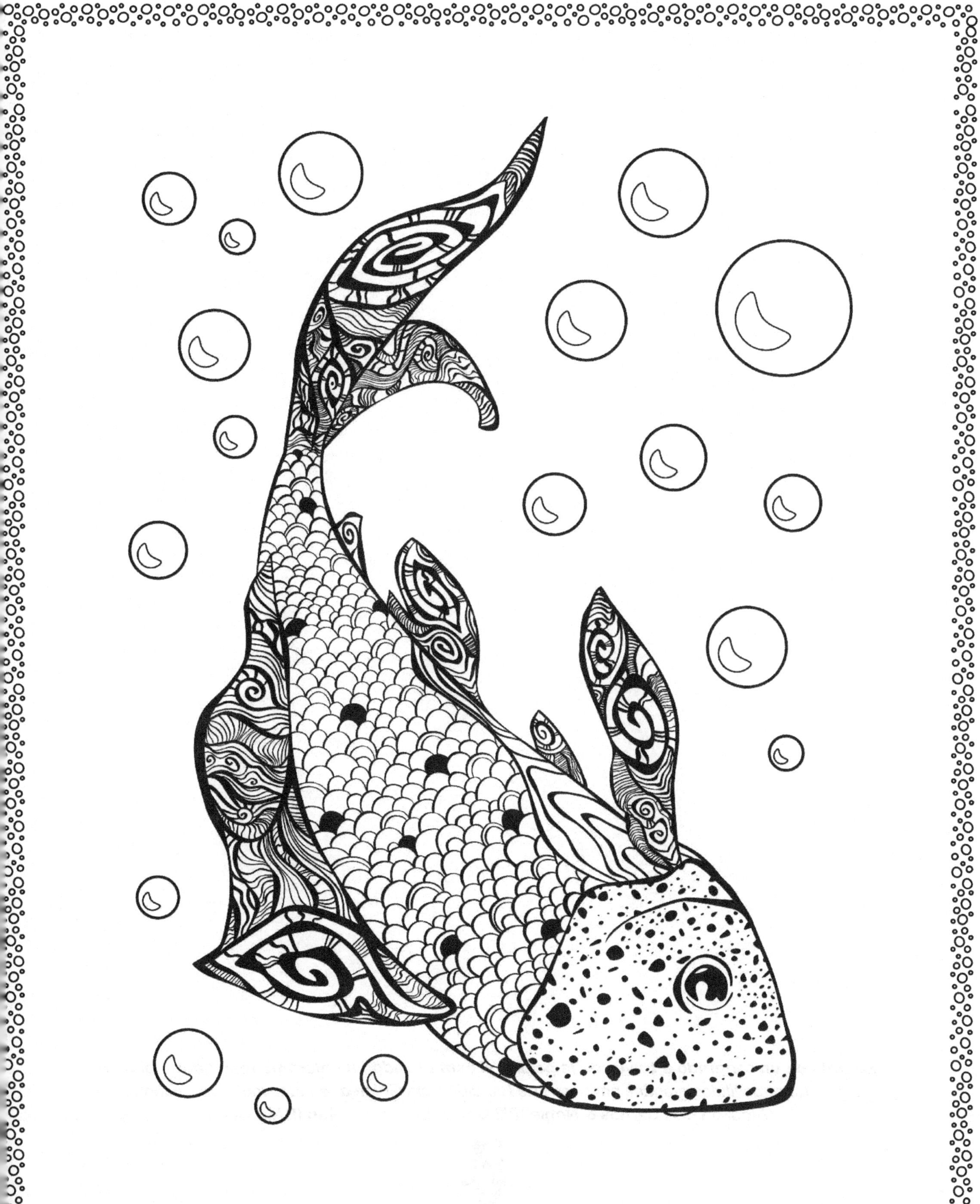

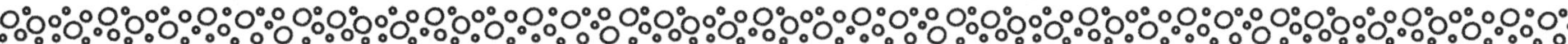

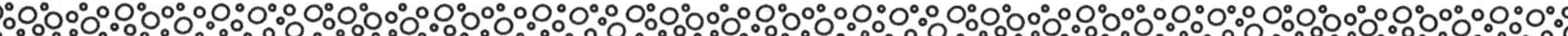

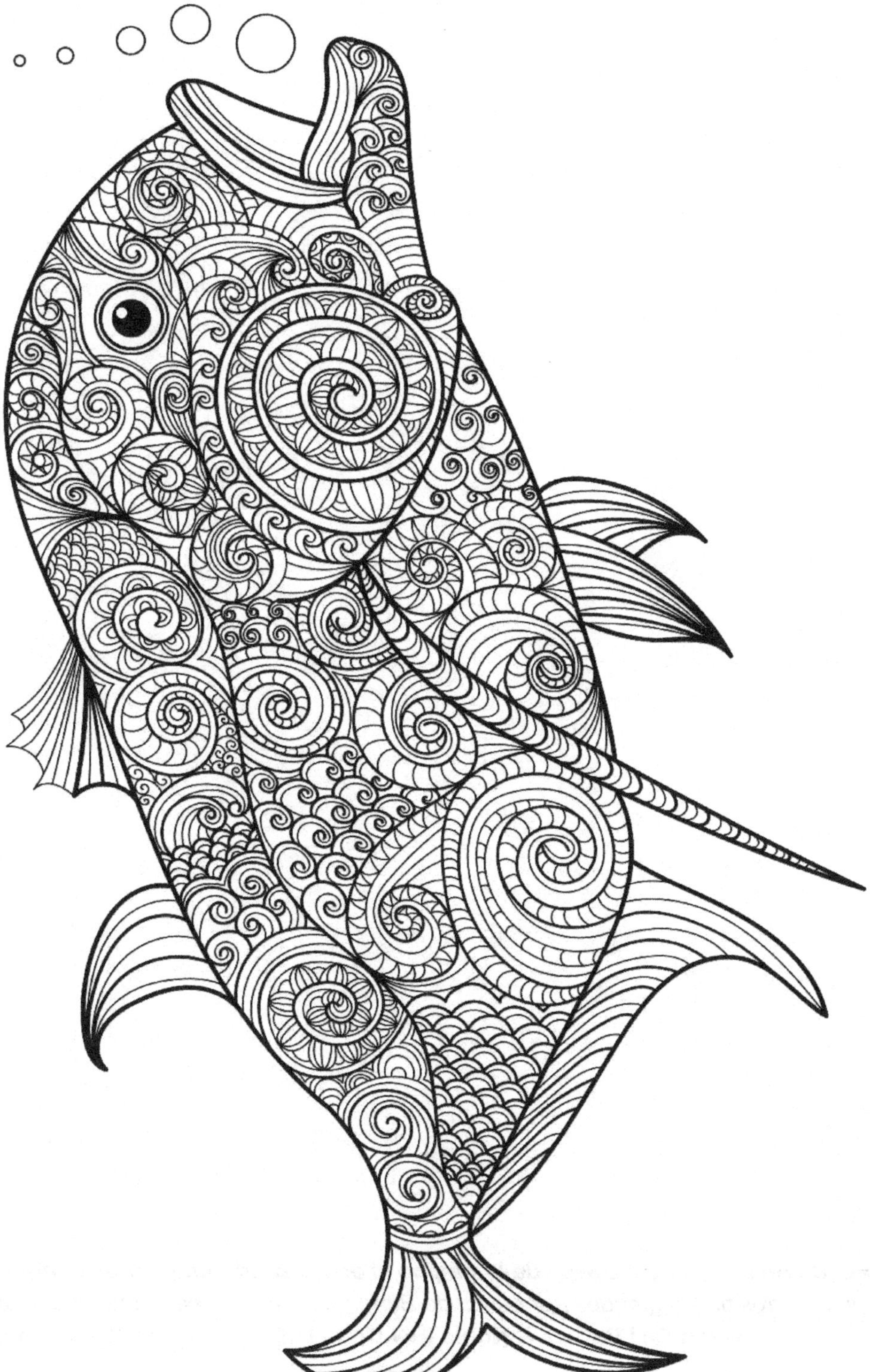

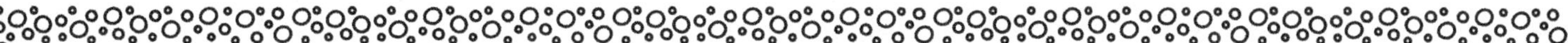

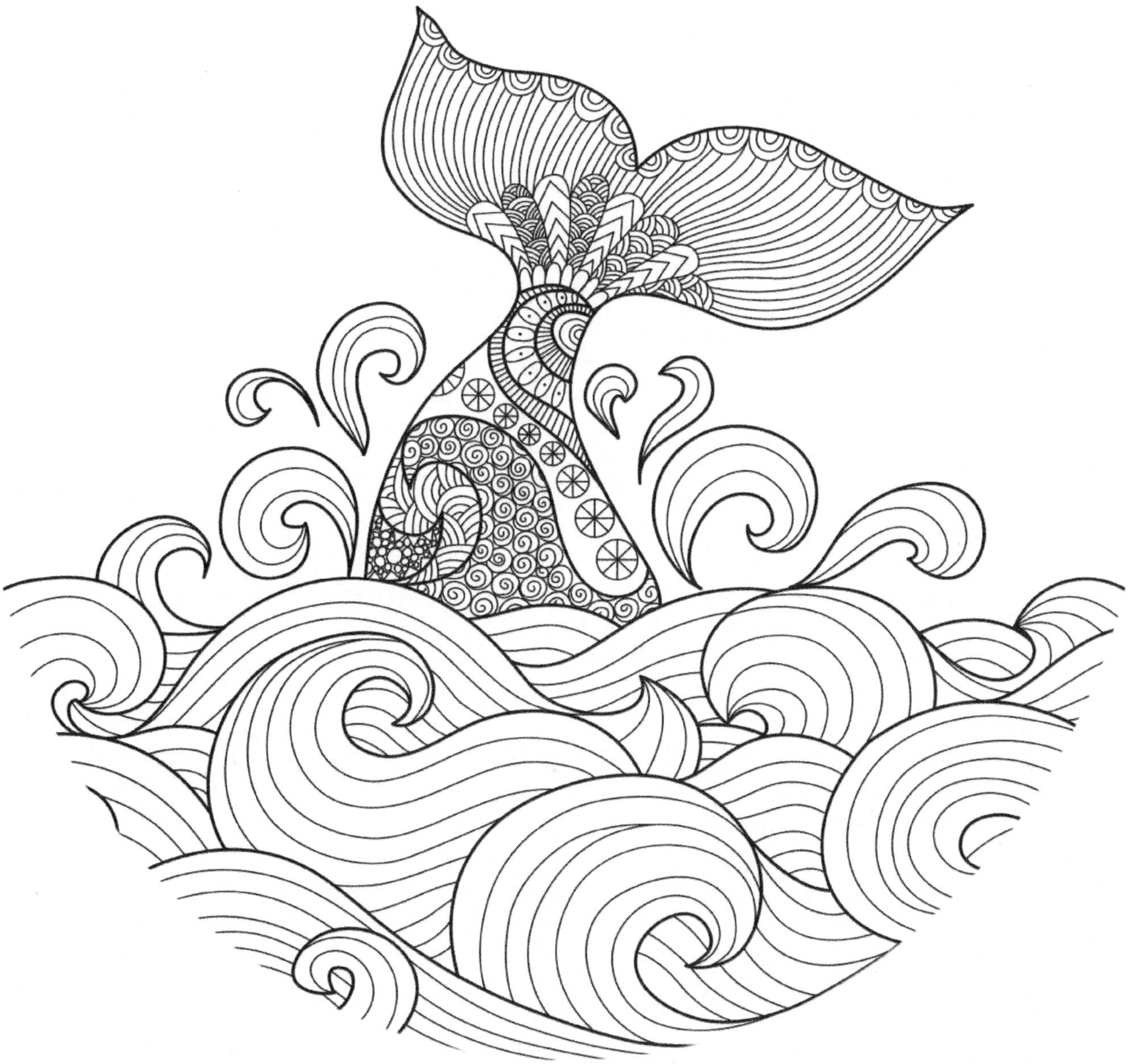

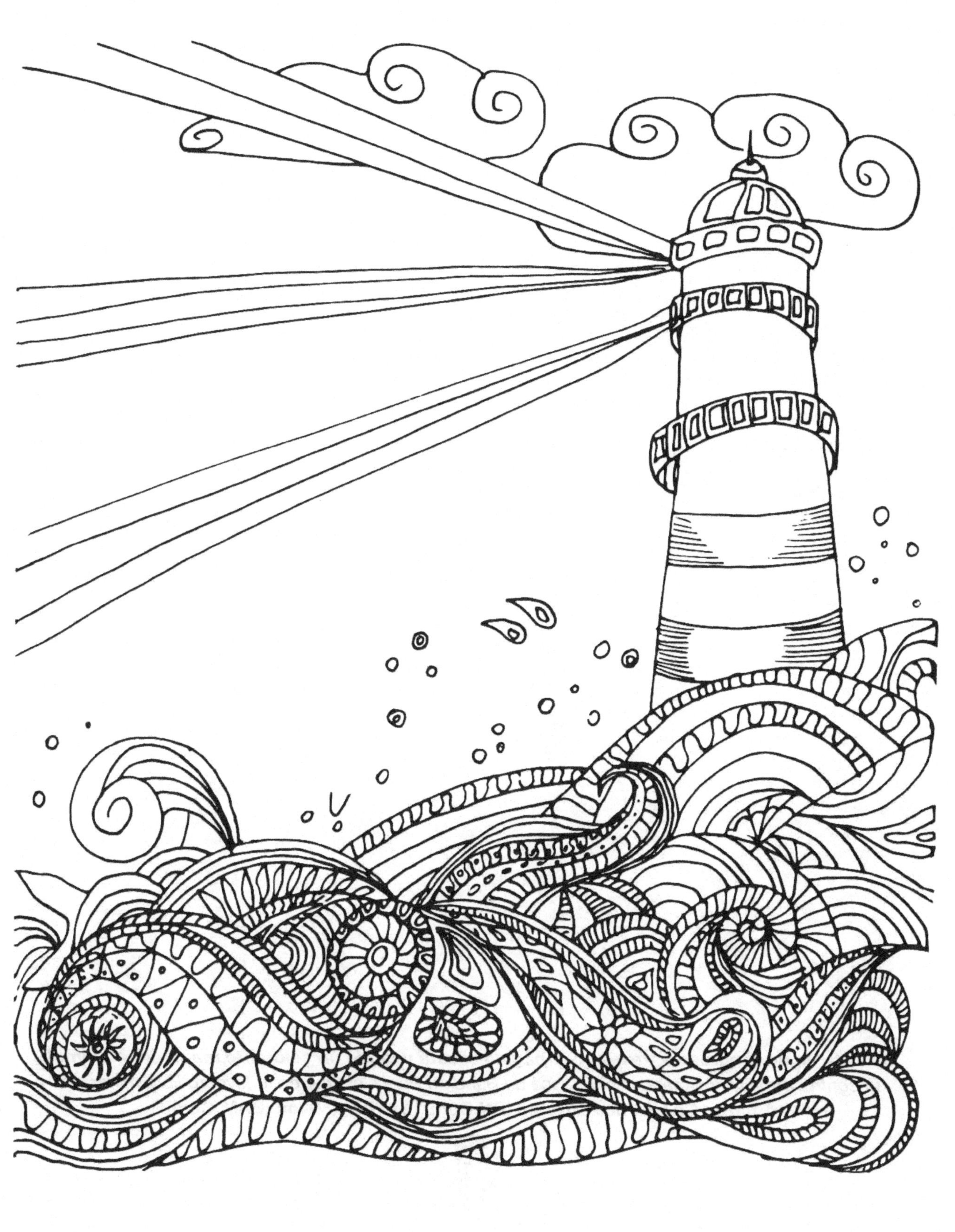

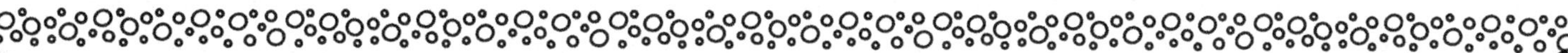

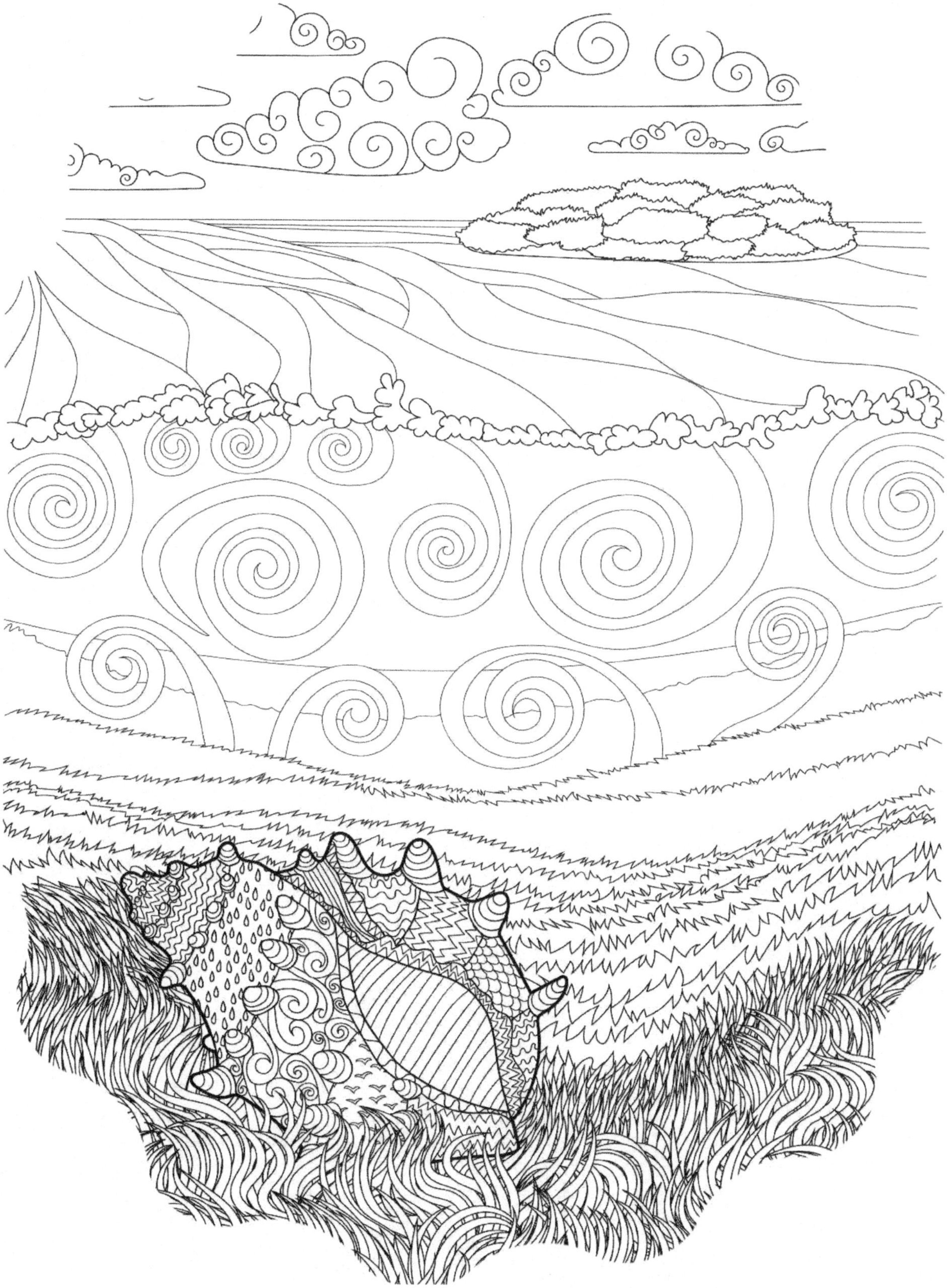

Made in the USA
Monee, IL
07 July 2026

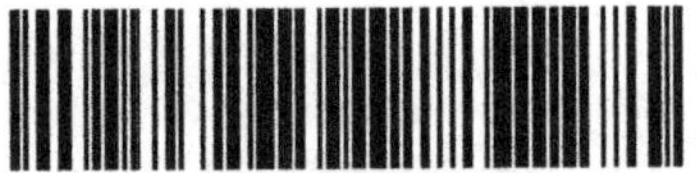